COMMENT DEVENIR RICHE SANS GAGNER A LA LOTERIE

Parce que s'enrichir ne prend pas plus de temps que s'appauvrir

Par Jean-Philippe Hulin

Be Better Publishing

www.richesanslaloterie.com

Imprimé en Union Européenne

ISBN10 2-8052-0001-2
ISBN13 978-2-8052-0001-4
EAN 9782805200014

Couvertures réalisées par Cito Communication GmbH, www.cito.be

AVERTISSEMENT

Les exemples et stratégies décrits dans cet ouvrage ne peuvent être considérés comme des modèles absolus et reproductibles à l'identique. Ils ne servent que d'illustration aux propos de l'auteur et ne peuvent en aucun cas être considérés comme de quelconques incitations, recommandations, sollicitations ou prévisions.

Une fois que l'on commence à gagner et à épargner de l'argent, il est utile de s'adresser à des professionnels pour jouir de leurs conseils car après tout, on peut se le permettre une fois que notre santé financière s'améliore.

Aux lecteurs qui voudraient considérer négativement l'inflation et les taxes diverses, un minimum d'imagination est demandé : on peut toujours ajouter un ou deux ans à un plan, on peut toujours gagner quelques euros en plus ou ajuster l'une des idées décrites dans ce livre pour atteindre un objectif donné.

Tout investissement connaît sa part de risque. La fluctuation des cotations boursières ou du marché de l'immobilier est connue de tous. Si l'on manque de succès et que l'on désire en avoir, il est nécessaire d'accepter l'idée que rien n'est garanti, qu'il y a parfois des risques et qu'il y a parfois des investissements.

A ceux qui disent vouloir des certitudes, nous répondrons ceci, en paraphrasant un auteur inconnu : *« Il en existe deux : la mort et les taxes ».*

Quelle est la définition exacte de *« riche »* ? Elle varie d'un être à l'autre. L'un se considère riche s'il a un toit et une famille en bonne santé. L'autre se considère riche parce qu'il peut vivre aisément des intérêts de ses intérêts. *Riche* est un mot aux significations très diverses et c'est précisément ce qui fait sa *richesse*…

A vous, qui avez investi quelques euros dans l'achat de ce livre et qui savez qu'il est nécessaire d'investir dans votre éducation, ayez toujours en mémoire que le savoir à un prix, mais que ce prix est bien inférieur à celui de l'ignorance.

Certains personnages de ce livre ont des noms et prénoms fictifs mais leurs histoires sont authentiques, et c'est bien cela qui compte, après tout.

TABLE DES MATIERES

INTRODUCTION

Pouvez-vous VRAIMENT devenir riche, prendre votre retraite professionnelle et avoir du « bon temps » ?

La réponse est OUI !

Jamais à un autre moment de l'histoire de l'humanité, il n'a été possible de bâtir des fortunes aussi rapidement et simplement qu'au 21ème siècle.

JA-MAIS !

Durant l'Antiquité on devenait riche en accédant au savoir, qui était réservé à une élite. Donc en étant fils ou fille de… riche.
Alternative : marchand, 1ère version de l'indépendant moderne.

Et durant le Moyen-âge ? On accédait au pouvoir, réservé à l'élite.
Donc en étant fils ou fille de roi ou de noble.
Et encore, pas n'importe quel roi car certains étaient pauvres !

Une autre solution consistait à déclarer la guerre à un petit royaume en levant une armée (il fallait donc beaucoup d'argent…), en risquant sa vie, en tuant le roi en place et en prenant son trône.
Autre alternative : en étant marchand, encore une fois, et en accédant à un certain savoir.

Et durant la Renaissance me direz-vous ?
En étant une personne « de haute condition » ou enfant d'une telle personne.
Bref, en héritage. Ou en accédant au savoir, réservé à une élite, encore et toujours.

Alternative : être marchand…

Les secrets d'une vie aisée sont expliqués en **<u>1360</u>** par un marchand nommé *Paolo da Certaldo* dans son ouvrage intitulé « Livre des bons usages ».

Il écrit : « *[…]* ***il vaut mieux entreprendre en vain que s'abstenir en vain.*** *[…]* ».

Comment devenait-on riche durant la révolution industrielle ? En étant industriel, banquier ou commerçant.

Donc, toujours en ayant accès à un certain savoir, ce qui coûtait une véritable fortune.

Durant la première moitié du 20ème siècle, ce fut à peu de choses près la même chose que durant la révolution industrielle.

Dès la seconde moitié du 20ème siècle, le savoir est devenu beaucoup plus accessible grâce à l'enseignement obligatoire.

De plus en plus de gens ont été capables de lire et d'écrire.
Franchement, ça aide lorsqu'on souhaite améliorer sa condition.

On a alors remarqué que l'humanité était pleine de ressources et que l'intelligence n'était pas l'apanage des nobles ou des grands patrons. Les enfants d'ouvriers ont pu, par milliers et pour la première fois dans l'Histoire, sortir de leur condition grâce au développement de leurs aptitudes intellectuelles.

C'est ainsi que le progrès a connu une accélération fulgurante.

De plus en plus d'hommes et de femmes ont ainsi pu se lancer dans le patronat, en devenant indépendants.

Devenir indépendants, c'est redevenir propriétaires de leurs vies plutôt qu'en être locataires, comme les parents de ces hommes et de ces femmes l'étaient bien souvent.

Un chapitre entier de ce livre est consacré à cette différence locataire-propriétaire.

Comme on le voit, depuis la nuit des temps, un des ingrédients qui mène invariablement à la richesse est le *savoir.*

Personne, jamais, n'a pu être riche en étant complètement ignorant.

Chaque homme, chaque femme, de tous temps, qui était considéré comme étant *riche* bénéficiait d'un *savoir* spécifique ou général.

Nous voici maintenant au début du 21ème siècle et que constatons-nous ?

Nous constatons, grâce à l'avènement des télécommunications et de l'internet, **que le savoir est à portée de main ou à portée de clic.**

Vous voulez investir en bourse ? Allez sur un moteur de recherche, tapez « investir en bourse », voici un exemple de résultat, en filtrant les réponses en français uniquement :

Ce ne sont pas moins de **3.120.000** pages internet trouvées en **0,2 secondes** qui vous attendent pour vous apprendre à investir en bourse…

Vous voulez investir dans l'immobilier ? Faites la même opération ! Vous obtiendrez **317.000** réponses en **0.42 secondes** !

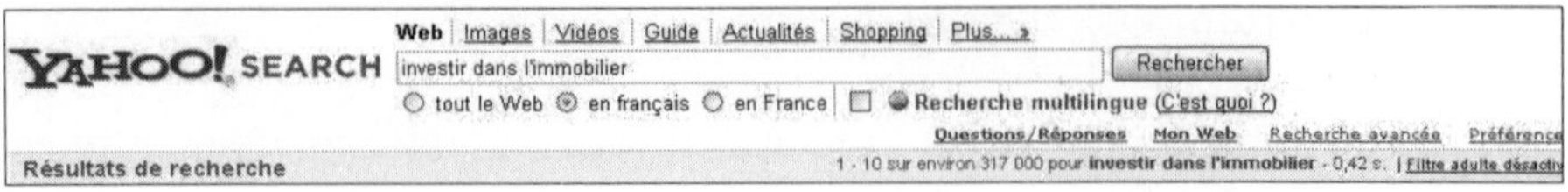

Vous voulez trouver une recette de cuisine ? Apprendre la peinture ? Apprendre à parler une langue étrangère ? Vous voulez faire diminuer vos impôts ? Vous voulez apprendre le yoga ? **Tout est accessible en un éclair** !

Il est donc certain que, puisque nous avons un accès illimité à la connaissance, facteur primordial à tout enrichissement, *presque tout le monde peut aujourd'hui devenir riche !*

Ne serait-ce pas bien d'avoir tout l'argent que vous désirez ?
Que feriez-vous avec cette fortune ?

Auriez-vous une nouvelle ou une plus grande maison ?
Auriez-vous une deuxième ou une troisième voiture ?
Vos enfants iraient-ils dans la même école qu'aujourd'hui ?
Feriez-vous des voyages ?
Travailleriez-vous toujours pour votre patron ?

Ne serait-ce pas merveilleux de ne plus devoir travailler ?
Comment utiliseriez-vous tout votre temps libre ?

Feriez-vous plus de sport ?
Consacreriez-vous plus de temps à vos passions ?
Offririez-vous un voyage de rêve à votre conjoint ?
Inviteriez-vous vos amis à vous rejoindre ?
Investiriez-vous dans l'immobilier ?
Feriez-vous profiter votre entourage de votre fortune ?
Vous impliqueriez-vous dans une œuvre de charité ?

Non seulement toutes ces choses sont possibles, mais le plus beau est que **<u>VOUS</u> pouvez les faire !**

Il n'est pas nécessaire d'avoir un talent spécial ou de jouir de privilèges particuliers pour devenir riche.

Il suffit de vouloir apprendre les principes qui régissent les lois de l'argent. Ces lois sont d'une simplicité rare, *ma grand-mère dirait même que ce n'est que du bon sens !*

Tout ce que vous avez à faire pour prendre votre départ vers l'enrichissement, c'est lire ce livre.

Vous découvrirez qu'il existe **une multitude** de moyens pour devenir riche et qu'il vous suffit de *choisir celui qui vous semble le plus adapté à votre personnalité* !

Sachez que le chemin vers la richesse n'est pas uniquement parsemé de pétales de roses. Acceptez qu'il est nécessaire de passer par des moments plus difficiles. Renoncez à l'échec car ce mot ne fait plus partie de votre vocabulaire.

Acceptez que devenir riche est un choix délibéré, pas une fatalité. Acceptez-le : vous allez connaître des « hauts » et des « bas ».

Tous les hommes rêvent d'être au sommet d'une montagne, mais c'est en traversant la vallée que tous les hommes acquièrent la maturité de grimper au sommet.

Choisissez **votre** montagne, cherchez **quelqu'un** qui se trouve au **sommet** de celle-ci, entrez en contact, <u>parlez et questionnez</u>, vous obtiendrez **forcément** des réponses.

Il ne faudrait cependant pas oublier ceci : atteindre la liberté financière n'est pas forcément la preuve d'une vie réussie.

Etre riche financièrement est seulement une partie de la réussite au sens noble du terme.
Il y a d'importantes parties de notre vie qui n'ont aucun rapport avec l'argent et, heureusement, l'argent n'est pas tout. Des hommes et des femmes dédient leur vie à la charité et à l'aide de leur prochain. Personne ne voudrait vivre dans un monde vide de charité, d'amour ou de volonté d'aider autrui.

Ceci dit, le but de ce livre n'est pas d'expliquer comment réussir une vie de famille ou une vie spirituelle. Ce livre parle d'argent, de comment faire travailler l'argent à notre place.

Parlons donc d'argent.

Installez-vous confortablement, lisez cet ouvrage et profitez du voyage. Ce livre est peut-être bien celui qui va vous faire la plus forte impression de toute votre vie.

Ce livre est peut-être *le* livre qui va changer **votre vie financière.**

PRESENTATION RAPIDE

Lisez ceci pour savoir si ce livre est vraiment pour vous

Pour quelle bonne raison certaines personnes deviennent-elles riches pendant que d'autres ne font jamais qu'en parler ?

La plupart des gens qui ont atteint la liberté financière ne le doivent à personne. Ils se sont battus pour que ça leur arrive. Ce n'est pas toujours facile et ils n'ont pas forcément eu de la chance.

Ils ont provoqué les évènements.

Le premier mentor que j'ai rencontré dans ma vie s'appelle Jean Zubani. Lorsque j'exprimais mes doutes et que je lui disais que certaines de mes connaissances ne voulaient pas me soutenir dans mes entreprises, il me disait ceci :

« Tu sais Jean-Philippe, tout homme qui dirige sa vie et qui fait VRAIMENT quelque chose, a toujours contre lui les gens qui font le contraire et surtout la grande armée des gens, bien plus sévères, qui ne font rien. »

Parce que ce livre est dans <u>vos</u> mains, je sais que vous faites partie des gens qui font ou veulent faire quelque chose de leur vie.

Ce livre va vous montrer comment quelques actions <u>**simples et continues**</u> peuvent radicalement améliorer votre vie. Pratiquement tout le monde peut faire ces actions, c'est un simple choix.

Que se passe-t-il lorsque vous appliquez ces actions ?

Votre compte en banque va se mettre à enfler, à enfler et à enfler, encore et encore. Jusqu'au jour où vous direz :

« Cette fois, plus de doute ! Je suis riche ! »

Devenir riche n'est pas le fruit du hasard.
On ne devient pas riche en quelques jours.

Nous allons voir quelles sont les actions simples qui permettent d'accumuler l'argent sur un ou plusieurs comptes en banque.

Tant que nous y sommes et que vous lisez ces quelques lignes, n'oubliez pas que notre esprit est comme un parachute : il fonctionne mieux lorsqu'il est ouvert.

Ouvrez donc votre esprit, admettez que ce livre n'est un danger ni pour vous ni pour votre famille. Appliquez les quelques trucs et astuces que nous allons dévoiler et observez à quel point ces petites actions vont changer votre vie financière.

Ce livre se lit en 90 minutes à peine.

Votre récompense pour nos 90 minutes de tête à tête ?

Après avoir tourné la dernière page, vous connaîtrez votre formule personnelle permettant de faire un plan précis afin d'enfin obtenir un **SCB** (**S**uper **C**ompte en **B**anque).

FAUSSES CROYANCES

Certains prétendent qu'il est mal de vouloir devenir riche

Jules Renard a dit un jour :
« Si l'argent ne fait pas le bonheur, rendez-le ! »...

Il n'y a rien de mal à vouloir devenir riche et il n'y a rien de mal à l'être. L'argent devient malsain lorsqu'il est une obsession car l'excès est nuisible en tout.

Par contre, se rendre compte que l'Humanité n'a jamais baigné dans tant de richesses qu'aujourd'hui et vouloir *comprendre comment obtenir sa part* n'a rien de mal. J'irais même plus loin : c'est **légitime**.

Le Belge, et l'Européen en général, vit mal le fait de gagner un revenu et surtout d'en parler. Ce n'est un secret pour personne : nous sommes souvent mal à l'aise dès qu'il s'agit d'évoquer notre salaire. « Ca » ne se fait pas disait ma grand-mère, « ça » ne regarde personne...

Admettons. C'est notre éducation qui est ainsi. Mais ma grand-mère, malgré tout ce qu'elle peut me dire, n'est pas une personne libre financièrement. Pourquoi devrais-je dès lors l'écouter et appliquer ses conseils en matière d'argent ? C'est comme demander à un docteur en médecine de faire une expertise comptable, comme demander à Ronaldinho d'être champion du monde de rallye.
Ca n'a pas de sens ! *Chacun son truc comme dirait l'autre.*

Si on passe sa journée à parler de football, à quoi allons-nous être attentifs ? Au football.

Si on passe sa journée à parler de problèmes, nous serons attentifs aux... problèmes (et non aux solutions).

Si on passe sa journée à parler d'argent, à quoi allons-nous être attentifs ? Aux différents moyens de faire de l'argent. Logique.

Ne pas parler d'argent, ou pire, être gêné d'en parler, c'est quasiment nous condamner à ne jamais en avoir beaucoup.

Au contraire, parler d'argent et s'intéresser aux différents moyens d'en faire plus et débattre de ces points avec des gens qui eux-mêmes sont libres financièrement, c'est pratiquement se *condamner* à devenir riche à notre tour.

Si c'était si simple, tout le monde le saurait.

Oui. C'est simple. Mais tout le monde ne le sait pas.

Est-ce vraiment incompatible ? Je ne veux pas le croire.

N'avez-vous jamais été surpris de voir la réaction incrédule d'un collègue ou d'un ami après lui avoir expliqué quelque chose qui, d'après vous, est *si simple que tout le monde devrait le savoir* ?

Bien sûr que si.

De plus, savoir n'incite pas toujours à agir : prenez un fumeur ; il *sait* que ce serait mieux de cesser de fumer, mais il ne le fait pas toujours.

Je connais également un professeur de sciences-économiques qui est complètement fauché !

On confond parfois *simple* et *facile*.

Ce sont pourtant deux mots bien différents, il suffit de regarder dans le dictionnaire, ces deux mots ont bien DEUX définitions clairement différentes.

Voyez mon père ! C'est un homme d'un courage et d'une force de caractère rares.

Il a quitté l'école vers 15-16 ans et est allé travailler comme soutien de famille suite au décès de son papa.
Après quelques années comme plombier-zingueur, il est entré à l'usine, dans une fonderie.

Cela fait plus de trente ans qu'il y est !

Il y a gravi les échelons un à un et est aujourd'hui devenu contre-maître. Depuis maintenant plus de dix ans, mon père tient une friterie après journée, soit après avoir fait « 6-2 ».

Grâce à cela, mon papa a aujourd'hui un appartement dans le sud de la France, il roule en Mercedes et a mis pas mal d'argent de côté.

C'est simple non ?

Est-ce pour autant *facile* ? Jugez plutôt : depuis plus de dix ans il se lève à 4h30 du matin, fait sa journée à l'usine, rentre vers 14h30, dort entre trente minutes et une heure, prépare la friterie, allume les cuves, ouvre à la clientèle dès 17 heures, ferme vers 22 heures, mange *une frite*, regarde un peu la télé et va se coucher.

C'est ainsi tous les jours, sauf le mardi après midi car c'est le jour de fermeture de la friterie alors il fait ses inventaires…

Comme on peut le voir, les choses peuvent être simples, mais loin d'être faciles.

Ceci dit, il existe des moyens simples **et** plus faciles de s'enrichir, c'est pour ça que ce livre existe.

Je voudrais m'attarder un instant sur la raison qui me pousse à écrire ce bouquin. Même si ma situation financière est enviable, je ne suis pas encore dans les 500 plus grandes fortunes mondiales.

Quel toupet ! Il admet ne pas encore être riche, mais il ose écrire un livre qui prétend expliquer comment on le devient !

Oui et alors ? Devenir libre financièrement est un objectif que l'on n'atteint pas en quelques semaines. Il faut du temps.

Actuellement, je pense être *sur le chemin* et non pas à destination.

Mais, ce n'est pas parce qu'on n'est pas encore arrivé *qu'on ne sait pas où l'on va.* N'est-ce pas ?

Une autre raison qui me pousse à écrire ces pages est que, souvent, lorsque quelqu'un qui a réussi donne des conseils, voici ce qu'on pense en l'écoutant :

« Oui, d'accord… C'est bien beau tout ça, mais c'est quand même facile à dire pour lui : il est riche et il fait ce qu'il veut… Tandis que moi, j'ai des soucis et pour moi ce n'est pas pareil parce que… »

Parce que ***quoi** ?*

C'est un débat interminable. Il est vain d'essayer de trouver qui a raison et qui a tort.

Mais, comme je l'ai déjà mentionné, je suis anticonformiste. Ce qui m'a amené à croire que, peut-être, si j'écris un livre expliquant diverses méthodes simples pour devenir riche lorsque je ne le suis pas encore moi-même, les lecteurs vont m'accorder plus de crédit puisque je suis finalement plus proche d'eux que ne le sont les diverses personnes qui m'ont accordé des interviews pour concevoir cet ouvrage.

RACCOURCIS VERS LA RICHESSE

Peuvent-ils fonctionner pour vous ?

Il y a de nombreux chemins pour devenir riche. En voici quelques-uns.

Hériter d'une fortune.

C'est un des moyens les plus courts : rapidité, simplicité, efficacité.

Le principal problème c'est qu'il n'est pas évident de se faire adopter par des parents fortunés. Il faut bien admettre que ça ne court pas vraiment les rues et que les occasions sont plutôt rares.

Si vous aviez eu cette chance, vous ne liriez probablement pas ce livre, vous seriez en train de jouer au golf ou de faire une croisière dans les Maldives.

Marier quelqu'un qui est incroyablement riche.

Si vous n'êtes pas encore marié, alors vous pouvez vous mettre en quête du partenaire idéal. De nouveau, ce n'est pas le sujet de ce livre et, honnêtement, c'est une méthode que peu de gens maîtrisent.

Tirer le gros lot sur les marchés boursiers.

Vous avez un portefeuille d'actions. Subitement, il connaît une augmentation de 500 ou 600%. Vous encaissez et vivez des intérêts jusqu'à la fin de vos jours.

Le problème est qu'il faut avoir de l'argent au départ pour acheter un portefeuille d'actions assez important. Ce qui n'est pas le cas de la grande majorité des gens.

Gagner le gros lot à la loterie.

Certains experts en statistique et en finance disent ceci à propos des jeux d'argent :

« C'est un impôt volontaire payé par des gens qui sont vraiment nuls en maths »

Il y a une véritable statistique qui dit que vous avez 100 fois plus de chances d'être frappé par la foudre que de tirer les bons numéros. En d'autres termes, lorsque vous aurez été frappé 100 fois par la foudre, si le cœur vous en dit et si vous vous en sentez la force, le moment de jouer sera venu.

Ceci dit, il est possible de gagner, et d'être « tranquille » d'un coup. Le nouveau concept de loterie européenne, par exemple, a de quoi faire rêver. Le *hic* c'est que nous n'avons qu'une chance sur 76 millions de choisir les bons numéros.

Les jeux d'argent sont avant tout des jeux et ils doivent bien effectivement rester considérés comme tels. C'est un amusement et certainement pas un moyen de gagner de l'argent.

Les seuls à gagner de l'argent sont les organisateurs.

Ecrire ou chanter le dernier tube.

Je ne sais pas chanter. Je peux à peine fredonner une chanson.

Par contre, si vous êtes un de ces rares individus avec un talent exceptionnel, lancez-vous et persévérez car il ne sera pas aisé de faire votre « trou ». En revanche, si vous êtes comme moi, détendez-vous : il y a de très nombreux autres moyens d'atteindre la liberté financière.

Ecrire un roman qui devient un bestseller international.

Regardez J. K. Rowling : alors qu'il y a à peine 15 ans elle n'arrivait pas à joindre les deux bouts, certains affirment qu'elle est aujourd'hui plus riche que la Reine d'Angleterre !

Si vous avez une bonne histoire à raconter. Si vous pouvez créer un personnage comme Harry Potter ou une saga comme Le Seigneur des Anneaux, alors devenir riche est dans vos cordes !

Il y a cependant quelque chose de presque magique dans ces deux derniers exemples, nous verrons plus loin dans ce livre comment des gens ordinaires, comme vous et moi, peuvent également recevoir des *royalties* sans pour autant chanter ou écrire un best seller.

Connaissez-vous Patrick Hernandez ? Avez-vous déjà entendu la chanson « Born to be alive » ? Probablement.

Savez-vous que Patrick Hernandez vit ENCORE ce tube ?
Ce qui est quasi magique, c'est que Patrick Hernandez perçoit encore plus de 1500€ par…jour encore aujourd'hui, soit plus de 30 années après avoir presté son travail !

Ce qui est merveilleux dans le concept des *royalties* c'est qu'il *suffit* de faire le travail une fois et de le distribuer ensuite pour être payé chaque fois qu'il sera diffusé, à vie. Il est même possible que les *royalties* dépassent notre temps de vie, comme c'est le cas pour ceux qu'on appelle « les ayants droit ». Les héritiers de stars disparues, comme Elvis Presley ou Georges Brassens.

Pour ceux et celles que ça intéresse, je le répète, nous verrons plus loin comment des gens ordinaires peuvent simplement atteindre la liberté financière en utilisant le principe des *royalties* sans savoir chanter ou écrire.

VOTRE JOB NE VOUS RENDRA PAS RICHE
Parce que vous ne gagnerez jamais assez

Une des plus grandes erreurs que la plupart d'entre nous font est de croire que « ça ira mieux demain » avec cette augmentation qu'on attend depuis des lustres.

Prenons un exemple :

Si vous aviez la possibilité d'investir 4000€ par mois en ayant la certitude d'en recevoir 5000€ en retour, feriez-vous cet investissement ?

« Oui, évidemment ! » me diriez-vous.

Vous auriez raison.

Où est le risque ? Nulle part.

Et bien c'est ce que votre patron a parfaitement compris !

Toutes charges comprises, vous coûtez peut-être 4000€ chaque mois à votre employeur.

Au total, vous rapportez par votre travail 5000€ chaque mois en moyenne à votre entreprise.

Vous générez donc un bénéfice de 1000€ chaque mois pour votre employeur.

Si votre entreprise compte 50 salariés, faites le compte.

C'est normal que le patron s'octroie un meilleur salaire et plus de congés que vous, vu comme ça, non ? ☺

Regardez autour de vous.

Combien de salariés connaissez-vous ?

Des dizaines sans doute, des centaines peut-être.

Combien d'entre eux sont riches ?
Combien sont libres financièrement ?
Combien prennent congé quand ils le désirent ?
Combien choisissent l'âge auquel ils arrêtent de travailler ?

Pas beaucoup. Vraiment pas beaucoup.

CQFD comme disent les mathématiciens. On ne peut pas prétendre atteindre la liberté financière avec un emploi.

Avoir un emploi est bon. Ca sert à payer les factures, le loyer, les vêtements et la nourriture. Ca permet même de s'endetter.

Cependant, pour recevoir votre salaire, vous êtes obligé d'aller travailler. C'est un inconvénient majeur.

Si vous devez aller travailler chaque jour pour être payé, alors on peut dire que vous n'avez pas atteint la liberté financière. Vous êtes tenu de travailler pour avoir un certain niveau de vie. Il y a même beaucoup de chance pour que votre revenu ne vous permette pas tout ce dont vous avez envie.

Par exemple, si vous désirez prendre deux mois de congés par an pour être avec vos enfants et que ce n'est pas possible, cela veut dire que vous n'avez pas assez de liberté financière.

Un autre problème est qu'un boulot ne paie tout simplement pas assez. Puisqu'il faut que l'entreprise fasse un bénéfice sur votre travail, vous ne recevez pas l'entièreté de ce que vous méritez.

Pensez à votre travail actuel.

Est-ce qu'il vous donne le revenu dont vous rêviez ?
Pouvez-vous vraiment faire tout ce dont vous avez envie grâce à ce revenu ?

Probablement pas.

Le pire c'est que peu importe que vous travailliez bien ou très bien. Peu importe que vous fassiez des heures supplémentaires, vous avez toujours une limite à ce que vous pouvez espérer gagner.

Vous serez toujours limité à 24 heures sur une journée, parce que vous êtes une seule personne.

Votre boulot a donc une limite : vous.
Ou, votre revenu et vous avez une limite : votre job.

Mais alors, si un emploi ne peut pas rendre riche, comment faire ?
Où devient-on riche alors, si ce n'est au boulot ?

Quelles autres solutions avons-nous pour augmenter nos richesses ?

C'est précisément ce que nous allons voir dans ce livre.

Choisissez une des méthodes exposées et mettez-là en application sans tarder : le succès est au bout du chemin !

JOE LE TAXI…

Si Joe peut le faire, alors vous pouvez le faire !

Nom : Joe **Age : 23 ans** **Profession : chauffeur de taxi** **Revenu : ± 1600 EUR/mois** **Retraite dorée à : 43 ans**

A l'âge de 23 ans, Joe était endetté.
A l'âge de 43 ans, Joe a cessé de conduire son taxi… et a pris une retraite dorée ! Que s'est-il passé ?

Est-ce que Joe a gagné à la loterie ? Est-ce qu'un vieil oncle d'Amérique lui a légué sa fortune ? Est-ce qu'il a découvert un coffre au trésor ?

Non. Devenir libre financièrement et prendre une retraite dorée ne se fait pas grâce à la chance. Joe avait un plan.

Quelques simples changements d'habitudes ont permis à Joe de changer de vie, de passer du statut d'un conducteur de taxi à celui d'un jeune retraité à l'avenir radieux, plus de 22 ans avant l'âge « normal » de la retraite professionnelle !

La vie de Joe risque fort d'être amusante et peu stressante…

Nous l'avons déjà vu plus haut dans ce livre, *le savoir c'est le pouvoir.* En fait, Joe a appris **qu'épargner un tout petit montant d'argent chaque jour** changerait sa vie.

C'est l'application du fameux adage *« ce sont les petits ruisseaux qui font les grandes rivières ».*

L'argent que Joe a épargné a pu grandir et grandir encore grâce à la magie des *intérêts composés.*

La légende dit qu'Albert Einstein *himself* a dit un jour :

« L'intérêt composé est la plus grande invention des mathématiques ».

Revenons-en à Joe : un jour, il a lu que si on peut épargner et investir habilement 10% de notre revenu, notre argent allait pouvoir fructifier grâce à la puissance des intérêts composés.

Reste un problème : Joe n'avait pas la possibilité de mettre 10% de son revenu *de côté.* Avec toutes les dépenses de son foyer, il ne lui restait plus un cent à épargner.

Alors Joe a fait la meilleure chose possible : il a décidé de créer un peu plus d'argent au travers de son métier de chauffeur de taxi.
C'est ainsi que Joe a choisi de travailler *un peu plus* et de faire une course de plus chaque jour, ce qui a augmenté son revenu de 20 € par jour et donc, de 100 € par semaine.

Parfois il devait travailler vingt minutes de plus, parfois il devait patienter deux heures pour faire *sa* course.

Joe décida d'épargner et d'investir intelligemment sa nouvelle rentrée de 100 € par semaine.

Sur une base annuelle, Joe a donc été en mesure d'épargner 5200 €, qu'il a investis dans un fonds de placement mutuel.
Ces fonds donnent généralement de bons résultats, avec un bénéfice de l'ordre de 10% d'intérêts.

5200 € épargnés et investis chaque année peuvent-ils conduire à la liberté financière ?

Voici comment se présente l'épargne de Joe au fil des ans, grâce à la patience et aux intérêts composés :

Année	Montant épargné	Total avec intérêts
1	5200	5200
2	5200	10920
3	5200	17212
4	5200	24133.20
5	5200	31746.52
6	5200	40121.17
7	5200	49333.29
8	5200	59466.62
9	5200	70613.28
10	5200	82874.61
11	5200	96362.07
12	5200	111198.28
13	5200	127518.10
14	5200	145469.91
15	5200	165216.90
16	5200	183938.60
17	5200	210832.45
18	5200	237115.70
19	5200	266027.27
20	5200	297830.00

Grâce à un petit effort quotidien et **sans rien retirer à son niveau de vie** Joe a réussi à faire mieux que mettre sa famille à l'abri : ses 297.830 € lui rapportent **29.783 euros par an**, soit près de **2.500 €/mois !** Joe ne doit plus jamais aller travailler car son revenu est assuré, il a rejoint le club fermé de la retraite dorée.

Dans 22 ans, Joe va recevoir son complément de pension légale comme s'il recevait une augmentation !

CE N'EST PAS POUR TOUT LE MONDE

Pourquoi certaines personnes ne deviendront jamais riches

Il existe un certain nombre de personnes qui ne deviendront jamais riches. Ces personnes disent qu'elles aimeraient gagner plus d'argent mais voici comment une conversation se déroule lorsqu'on expose diverses possibilités de s'enrichir :

Joe : « Tu sais que si tu investis dans l'immobilier tu peux solder ton prêt en 10 ou 20 ans et ensuite quitter ce boulot que tu détestes pour jouir de la vie comme tu le désires ? »

Lui : « Ouais, ouais je sais. Mais je ne veux pas risquer d'investir mon argent dans une maison ou dans un immeuble à appartements. Je n'ai pas envie d'avoir tous ces problèmes de locataires, de travaux et d'ennuis. Ce n'est pas pour moi. »

Joe : « Et as-tu déjà pensé à avoir une activité complémentaire ? Tu pourrais investir ce nouveau revenu dans de bons fonds de placement et laisser les intérêts composés travailler à ta place. Après un temps, ton capital t'apporterait de tels intérêts que tu pourrais virer ton boss ! »

Lui : « Quoi ? Un boulot *en plus* de ce que je fais déjà ? Tu rêves mon pauvre ami ! Moi quand je rentre de ma journée, il ne faut plus rien me demander hein ! J'ai quand même le droit de me détendre devant ce nouveau téléviseur LCD que j'ai acheté pour les enfants !
En plus de ça, tout le monde sait qu'un job complémentaire ne paie forcément pas autant que mon boulot principal, je ne vois donc pas pourquoi je devrais travailler pour moins ? Sans parler des impôts ! Tu t'imagines ce que je vais payer comme taxes si je gagne plus ???

En plus les fonds de placements et la bourse peuvent s'effondrer et je risque de perdre mon argent.
Pour finir, je n'ai pas la patience d'attendre ma retraite : si c'est pour quitter mon boss, je veux le quitter maintenant ».

Joe : « Et pourquoi pas aller aux cours du soir ? Tu pourrais ainsi demander une augmentation à ton patron et l'investir de façon plus sûre dans des obligations d'Etat »

Lui : « Des cours du soir ? Est-ce que tu te moques de moi ? Quand j'ai enfin quitté l'école, je me suis juré de ne plus jamais y remettre les pieds, j'avais horreur d'étudier étant jeune, c'est pas maintenant que ça irait mieux ! »

Joe : « Et lancer un petit business après journée ? Petit à petit ton entreprise et ton revenu pourraient grandir et tu pourrais un jour te retrouver en position de quitter définitivement ton boulot actuel et te consacrer à temps plein à ton entreprise. Qu'en penses-tu ? »

Lui : « Non. C'est bien trop risqué. Tu crois que je peux donner mon temps et mon énergie en prenant le risque que ça ne donne rien ou presque ? Je veux être payé pour chaque heure que je preste, je le mérite, point à la ligne. Sans compter les tracas administratifs avec les papiers et les employés… Et tout ce stress ! Pffff ! »

Et ainsi de suite… Peu importe ce qui est proposé, ça ne sert à rien. Ce type de personnage trouve toujours une raison pour laquelle ça ne peut pas fonctionner pour lui. Malheureusement, ce type de personne négative ne peut pas devenir riche. Elle ne veut que des garanties, ce qui est très rare.

Ce livre n'est pas pour ces gens. Ce livre est pour ceux qui pensent que c'est possible et qui veulent vraiment agir pour y arriver.

DES MILLIONS D'EUROS

C'est le chiffre d'affaire qu'on crée sans y penser

C'est l'été. Il fait terriblement chaud. Vous avez soif.
Vous voulez un rafraîchissement.

A l'instant même où l'idée de vous rafraichir vous traverse l'esprit, vous croisez un individu en train de se délecter d'un *monstrueux* cornet de glace. Voilà ce qu'il vous faut !

Ni une, ni deux, vous abordez l'inconnu pour lui demander où il a acheté cette glace.

« Ici plus loin, au coin de la rue. Le marchand de glace artisanale. C'est un italien, il s'appelle Giovanni, allez-y de ma part ! Moi c'est Bernard. »

Vous remerciez Bernard et vous vous rendez, l'eau à la bouche, chez Giovanni.

Ca vous semble certainement banal. Nous avons tous vécu cela un nombre incalculable de fois dans notre vie.

Vous venez de vivre une expérience de *marketing relationnel*, aussi appelé *marketing de réseau.*

Presque tout le monde fait du marketing relationnel tous les jours depuis la naissance, sans y penser, avec plaisir et enthousiasme mais surtout, gratuitement.

« Gratuitement ? Non non et non ! Tout travail mérite salaire ! Quelle est donc cette activité que je pratique depuis ma naissance sans être rémunéré ? »

Le marketing relationnel, nous l'avons déjà dit.
Si vous désirez savoir comment *collecter*, tournez cette page.

Avant de parler précisément de comment collecter les revenus générés par le marketing relationnel, je voudrais vous en démontrer toute la puissance.

Voyez cette liste, elle reprend une toute petite partie des biens et services que nous avons recommandés depuis notre naissance :

Un restaurant, un film, une destination de vacances, un modèle de voiture, un opérateur téléphonique, un ordinateur, un GSM, une paire de chaussures, un aliment, une émission télé, une radio, une chanson, un album, un magazine, un snack, une compagnie d'assurance, un jeans, une banque, un vêtement, un bijou, un fournisseur de gasoil de chauffage, une librairie, une boulangerie, une boucherie, un magasin d'articles de pêche, un magasin de sport, une console, une bijouterie, un garage, un sport, une école, une pizzeria, un tailleur, un cordonnier, une discothèque, un magasin d'électroménager, un gel, un shampoing, un cuisiniste, un salon en cuir, un architecte, un vélo, une poudre à lessiver, un fruit exotique, une astuce, un chewing-gum, du fromage, un vin, une bière, une entreprise générale de construction, un professeur de cours particuliers, un kiné, une pharmacie, un stylo, un appareil photo, un type de pain, un fournisseur de meubles, une plante, des fleurs, un logiciel d'ordinateur, un aspirateur, un modèle de télévision, un jeu vidéo, une bibliothèque, un syndicat, un magazine spécialisé, un parfum, des vitamines, un régime, une exposition, etc.

Plus contagieux qu'une épidémie de grippe en hiver

Imaginez : vous développez le virus de la grippe. Sur la vingtaine de collègues que vous croisez pendant la journée, cinq d'entre eux sont contaminés. Ces cinq personnes rentrent chez elles et contaminent leur famille. Les enfants se rendent à l'école le lendemain et contaminent un enfant sur quatre. Ces enfants rentrent chez eux et contaminent leurs familles à leurs tours. Leurs parents vont au boulot le lendemain et contaminent leurs collègues, etc.

Vous avez compris.

Le principe évoqué plus haut, le *marketing de réseau*, a la même puissance de développement que n'importe quel virus.

En fait, l'homme n'a rien inventé : les microbes et les virus savent depuis la nuit des temps que le moyen le plus efficace de se propager de manière exponentielle est le contact de personne à personne, aussi appelé **bouche-à-oreille**.

Les cours d'écoles en sont le meilleur exemple, à la fois pour les microbes et pour les produits de consommation.

Si vous avez des enfants, vous savez qu'à un moment donné, il devient pratiquement impossible de leur refuser un jeu ou un gadget, *parce que tout le monde l'a sauf eux.*

Il y a quelques temps, le gadget à la mode qu'il fallait posséder dans les cours de *récré* était le *Pokémon.* Il y avait toute une série disponible, mais développons un exemple avec un seul *Pokémon* que les enfants se sont recommandés. Imaginons qu'un de ces gadgets coûte 5 euros.

Prenons comme exemple que chaque enfant a « vendu » un *Pokémon* à cinq de ses petits camarades, observons le résultat :

Générations	1ère	2ème	3ème	4ème	5ème	6ème	7ème
Enfants	5	25	125	625	3125	15625	78125
Chiffre d'affaire	25	125	625	3125	15625	78125	390625

Au départ de cinq *marmots* qui n'ont aucune notion commerciale, la société qui distribue les gadgets a quasiment fait l'acquisition de cent milles clients, pour un chiffre d'affaire de presque **500.000 €**, soit près de **30 ans de salaire moyen en Belgique** !

Maintenant, extrapolons à nos vies d'adultes plongés en permanence dans ce qu'on appelle communément *la société de consommation* : nous avons généré des **millions d'euros depuis notre naissance**, sans le vouloir et même sans le savoir !

Incroyable non ? Le plus incroyable est surtout ceci :

Malgré ces millions d'euros de chiffre d'affaires, la majorité d'entre nous souffre de ne pas arriver à *joindre les 2 bouts !*

Conclusion : puisque nous allons générer ces incroyables montants *de toute façon*, autant trouver un moyen d'en percevoir un pourcentage, non ?

Savez-vous que certaines entreprises de marketing relationnel reversent un pourcentage du chiffre d'affaires réalisé ?

En reprenant l'exemple des *Pokémons*, dont le chiffre d'affaires a été réalisé dans des cours de récréation par des enfants, si une société vous reversait *seulement 3%* du chiffre d'affaires chaque mois, cela voudrait dire que vous auriez un revenu *extra* de **1500€/mois** !

Je connais des gens qui ne gagnent pas ce revenu en travaillant à temps plein et ici nous parlons d'un revenu *extra* réalisé sans le faire exprès par des *mioches* !

Si ce constat vous frappe et qu'il provoque un certain émoi en vous, vous venez de tomber amoureux du marketing de réseau !

Ne tentez rien pour en guérir car c'est incurable.

Vous pouvez par contre percevoir ce revenu extra en reprenant contact avec la personne qui vous a conseillé ce livre !

Je vous souhaite un bon amusement ! ☺

LA VERITABLE SECURITE

Avoir un contrat à durée indéterminée est insuffisant

Il nous arrive souvent de parler de la sécurité ou de l'insécurité de l'emploi *à notre époque*…

De 1950 à 1980, c'est-à-dire pour la génération de mes parents, la sécurité de l'emploi a véritablement existé. A ce moment, on entrait à l'usine ou dans de grandes corporations avec l'envie de *faire carrière* et de connaître le même employeur *à vie*.

Ensuite, les syndicats ont fait leur apparition et ont sensiblement aidé à améliorer les conditions de travail, en permettant à tous les travailleurs d'entrer dans la modernité.

Depuis la fin des années '80 cependant, malgré le droit de grève et le support des syndicats, la sécurité de l'emploi a commencé à se fragiliser. Les impératifs commerciaux des actionnaires priment de plus en plus sur le maintien des contrats.

Mais aujourd'hui, nous sommes au 21ème siècle… Oui, oui ! ☺
Alors, d'après vous, quelle est la situation d'emploi qui donne le plus de sécurité ?
Vous optez pour un contrat à durée indéterminée ?

Je ne suis pas d'accord… Demandez donc aux ex-employés de Renault Vilvoorde, de la Sabena ou de Ford Genk… Demandez aux 4000 salariés de chez VW à Forest…

Le contrat de travail qui donne le plus de sécurité est le contrat à durée DETERMINEE ! En effet, lorsqu'un salarié signe un CDD d'une durée de 12 mois, il est certain de percevoir son revenu durant les 12 prochains mois. Simple non ?

Quel est le statut qui donne ensuite le plus de sécurité ?

Vous optez de nouveau pour un *CDI* ?

Faux. Le statut qui donne le plus de sécurité après le CDD, c'est le statut d'indépendant.

Surpris ? Allons donc ! Lorsqu'il perd un client ou un marché, l'indépendant, puisqu'il est son propre patron, peut TOUJOURS DECIDER de conquérir un nouveau client ou un autre marché.

Mais alors, qu'en est-il de ce *fameux* contrat à durée indéterminée ?

Il n'y a rien de moins sûr…

Selon la loi, un contrat à durée indéterminée peut être rompu par les deux parties, *à tout moment*. En respectant bien sûr les périodes et conditions légales du préavis.

Quelle est donc la sécurité que l'on dit avoir lorsque notre contrat peut être légalement terminé à tout moment ?

Admettons que le CDI représente le plan « A », c'est-à-dire la source de revenu principale, mais incertaine.

L'activité que l'on va développer après journée dans le marketing relationnel va être appelée plan « B ».

Notre rôle, si on veut plus de sécurité, c'est de faire en sorte que le revenu généré par le plan B atteigne et dépasse celui du plan A.

De cette façon, même en perdant notre emploi, notre situation ne sera pas précaire et toutes les factures pourront être honorées.

MEME POUR LES BRICOLEURS

Ne pas avoir fait d'études et être bricoleur : le bon filon !

Nom : Giulio **Age : 50 ans** **Profession : employé** **Revenu : ± 1800 EUR/mois** **Retraite dorée à : 50 ans**

Giulio est fils d'immigrés italiens. Il n'aimait pas l'école et s'est laissé influencer par ses copains de classe qui préféraient s'amuser plutôt qu'étudier.

Ceci dit, notre ami a commencé à travailler dès l'âge de 15 ans et, pour une fois, a suivi le conseil de ses parents : mettre de l'argent de côté.

A 17 ans, il décide d'acheter un petit terrain dans la banlieue liégeoise et de se lancer, pratiquement seul, dans la construction de *sa* maison. Petit à petit, Giulio devient propriétaire.
Mais il ne s'est pas arrêté en si bon chemin !

A côté de ses différents boulots successifs (ouvrier en voirie, chauffeur livreur, ouvrier dans le secteur du bois et finalement employé pour un grand distributeur de matériaux en bois) Giulio a continué de garder un œil attentif sur le marché de l'immobilier.

C'est ainsi qu'il a successivement acheté, *retapé*, revendu et loué de nombreux bâtiments. L'argent qu'il a accumulé, il l'a placé en suivant les conseils de son banquier, pour que ses investissements portent leurs fruits.

Aujourd'hui, Giulio compte les semaines qui restent avant de dire au revoir à son patron parce que c'est son choix !

S'APPAUVRIR OU S'ENRICHIR

S'enrichir ne prend pas plus de temps que s'appauvrir

Lors d'une soirée, j'ai expliqué à Jean-Pierre qu'il ne faut techniquement pas plus de temps pour s'enrichir qu'il n'en faut pour s'appauvrir.

Sa réponse a fusé :
« Jean-Phi, je suis désolé mais ce n'est pas vrai. Je peux mettre des années à mettre de l'argent de côté et tout perdre en quelques minutes au casino ».

Ma réponse a fusé aussi :
« Oui, sauf si tu gagnes ».

A la roulette ou au Blackjack, physiquement, l'effort pour s'enrichir ou s'appauvrir est le même : il faut miser de l'argent. Nous parlons bien d'effort, ou d'action. A action égale, le résultat diffère d'un opposé à l'autre.

En vérité perdre de l'argent est l'effort exactement opposé à celui nécessaire pour gagner de l'argent. C'est comme les pôles d'une pile : le positif et le négatif ont exactement la même intensité mais des directions opposées.

Ce qui diffère, c'est la *sensation* laissée par le gain ou la perte d'argent. On a souvent tendance à considérer normal de gagner de l'argent, tandis que sa perte nous laisse un goût amer.

Il y a de nombreuses personnes qui ont le sentiment d'être *moins bien* que les autres.

Il y a des gens qui pensent être faits pour échouer et non réussir.
Et pourtant…

L'homme est riche par nature :

- Son cerveau se compose de plus de cent milliards de neurones (soit le chiffre 10 suivi de 11 zéros).

- Son corps est composé de plus dix milles milliards de cellules (soit mille fois plus de cellules qu'il n'y a d'étoiles dans notre galaxie).

- Son corps est parcouru par plusieurs milliers de kilomètres de vaisseaux sanguins.

- Son cœur bat plus de cent mille fois par jour sans repos pendant en moyenne trente mille jours et déplace plus de deux milles six cents tonnes de sang en une année.

- L'œil humain peut percevoir une lueur cent mille fois moins intense qu'un clair de lune et est capable de distinguer des détails hauts de trois centimètres alors qu'ils sont éloignés de cent mètres.

- La surface totale qui échange l'oxygène dans nos poumons est supérieure à la surface d'un court de tennis.

- Entre cent et trois cents millions de spermatozoïdes composent une éjaculation, en moyenne trois cents d'entres eux vont atteindre la trompe de Fallope, dans laquelle se trouve l'ovule à féconder. Il faudra en moyenne encore 20 minutes au spermatozoïde fécondant pour perforer la membrane de l'ovule.

- La distance parcourue par la poignée de spermatozoïdes qui atteignent l'ovule équivaut à la distance terre-lune pour un homme.

- Il est à noter que le spermatozoïde fécondant n'est pas celui qui est le premier arrivé mais celui qui a le code génétique le plus *diffé-*

rent de celui de l'ovule qui sera choisi. La différence est donc bonne.

- Il y a 100.000 fois plus d'atomes dans le corps humain qu'il n'y a d'étoiles dans tout l'univers.

Et le tout alors que l'homme est fait à 95% de vide, c'est-à-dire que l'homme est fait à 95% de…rien !

Partout autour de nous, aussi loin que notre regard puisse porter, la richesse de la nature s'exprime de mille et une façons.

Il ne fait aucun doute que nous vivons dans un monde d'abondance et que l'être humain est le fruit de cette nature luxuriante.

Parce que nous vivons dans ce monde, parce que nous *sommes* ce monde, parce que l'univers est en nous, il est évident que chacun d'entre nous peut aspirer à une vie faite d'opulence.

A condition de permettre à notre esprit d'accepter cette opulence.

De même que nous dirigeons notre voiture dans la direction où porte notre regard, nous dirigeons notre vie dans la direction où porte notre esprit.

Nous allons dans le mur si nous regardons le mur.
Nous connaissons des problèmes financiers si nous pensons que l'abondance nous est refusée.

Il s'agit là d'une loi universelle que toute personne fortunée connaît.

Appliquez-là suffisamment longtemps dans le bon sens et votre situation financière sera florissante !

LE GOLF N'EST PAS UN LUXE

Regarder la télévision par contre, c'est presque du snobisme !

Lors de mes interventions en public, il m'arrive de sonder l'assemblée pour savoir qui a récemment fait l'acquisition d'une nouvelle télévision.

La plupart du temps, il n'y a que des hommes qui lèvent la main. J'en désigne un, complètement au hasard, et je lui demande s'il peut nous décrire son nouvel achat.

Généralement, on assiste à un échange de ce genre-ci :

« C'est un écran plat de 107 centimètres, avec le home cinéma, le dolby surround et tout et tout… »

« Ohhh ! Et vous la regardez souvent ? »

« Non non ! Vraiment pas beaucoup. »

« Hmmm… Et on peut avoir une idée de son prix ? »

« Heu, oui : à peu près mille cinq cents euros »

« Moi je crois que ce genre de chose coûte bien plus cher, non ? »

« Non non !! C'est bien 1500€ »

Ma réponse est systématiquement la même :

« Et bien moi monsieur, je pense que cette télévision vous coûte ***au moins 20.000 € par an.*** *»*

Vous voulez une explication ? Tournez cette page !

Avant d'en venir à l'explication proprement dite. Dévoilons l'extrait d'un article qui est récemment paru dans la presse : (*source : La DH, 22-11-2006*)

La télévision, avec un taux de pénétration dans les foyers belges de 98 pc, reste l'une des plus importantes activités de loisir

BRUXELLES *Les Belges aiment la télévision. Les Wallons la regardent ainsi* ***230 minutes par jour*** *(+ 20 pc par rapport à 1995), contre* ***182 minutes*** *pour les Flamands (+ 23 pc par rapport à 1995) et 227 minutes pour la moyenne européenne, révèle l'étude "Television 2006: International Key Facts", menée par la régie publicitaire IP et présentée mercredi.*

Les programmes sportifs ont toujours la préférence des téléspectateurs européens, devant les informations et les programmes de divertissement. [...] Avec un taux de pénétration dans les foyers belges de ***98 pc****, elle reste "l'une des, si pas la plus importante, activités de* ***loisir*** *dans le monde", estiment les concepteurs de l'étude.*

[...] La télévision répond à plusieurs besoins: l'information, le divertissement, le délassement et le rassemblement social", a expliqué Didier Lefevre d'IP.

Avec une activité complémentaire, on peut *aisément* gagner 25€ de l'heure prestée, donc 100€ par jour au lieu de regarder la télé. Ne travaillons que 5 jours par semaine. Sur une année, en ne comptant que 40 semaines de travail, donc en s'octroyant 12 semaines de congés par an, cela donne :

20 .000 euros perdus chaque année à regarder la télé

Pour recevoir 20.000 euros par an d'intérêts bancaires, il faut avoir placé plus de 16.000.000 de francs belges, soit plus de 400.000€. Maintenant, lorsque vous proposerez une activité complémentaire à quelqu'un et que cette personne vous dira ne pas avoir le temps, vous pourrez répondre : *« Bin oui, je comprends… Forcément avec 16 millions à la banque ! »*.

Il n'y a plus qu'à admirer le regard de votre interlocuteur… ☺

TOUT LE MONDE MERITE D'ETRE RICHE

Exclu 3 fois de l'école, millionnaire à 32 ans, retraité à 35 ans

Nom : Olivier Seban
Age : 46 ans
Professions : trader, écrivain, conférencier
Revenu : millionnaire en euro
Retraite dorée à partir de 35 ans

Ma rencontre avec Olivier Seban apporte une nouvelle fois la preuve que, comme le dit le dicton *« pour savoir, il suffit de demander »* : au cours de mes recherches pour rédiger ce livre, je suis tombé sur le site http://www.toutlemondemeritedetreriche.com sur lequel on trouve quelques astuces très intéressantes si on désire comprendre les techniques de base de l'enrichissement.

Comme n'importe quel quidam, après avoir lu son site de long en large, je décide de déposer un message à son attention. En voici un extrait :

«… Comme je ne suis pas encore à proprement parler riche moi-même, j'entre en contact avec des hommes et des femmes qui le sont devenus par des modes souvent très simples et je consigne ces interviews dans un livre qui sera intitulé "Comment devenir riche sans gagner la loterie"… ».

Quelques instants plus tard, réponse d'Olivier Seban :

« On peut se parler au téléphone si vous le souhaitez ».

Evidemment que je le souhaitais ! C'était même au-delà de mes espérances ! En deux coups de fil, Olivier Seban m'a accordé pas moins de DEUX HEURES d'entretien privilégié.

La grande classe, sans aucun doute. La preuve surtout que les *riches* ne gardent pas jalousement leurs secrets et qu'ils sont bien souvent prêts à les partager avec ceux et celles qui le désirent.

Qui est donc ce personnage dont le livre s'est écoulé à près de 20.000 exemplaires en quelques semaines et qui est même traduit en chinois ?

Olivier Seban naît à Paris en 1960. A cause de son peu d'attirance pour l'école, il évoluait plutôt dans le registre *honte de la famille.*

Exclu de l'école par trois fois, il s'est souvent entendu annoncer une carrière de réparateur de télévision ou de pompiste par son père en colère.

Pourtant, Olivier allait créer sa première entreprise à 23 ans, devenir millionnaire à 32 ans et être pratiquement retraité à 35 ans.

Une révolution était en marche au début des années '80 : la micro-informatique faisait son apparition. Alors que bien peu de gens voyaient un avenir dans la « chose », Olivier a immédiatement compris à quel point l'informatique allait bouleverser nos vies au quotidien.

L'idée était simple : il allait louer des logiciels informatiques avec leur documentation complète, comme on louerait un dvd aujourd'hui. Etant seul sur la place de Paris, le succès fut phénoménal.

Au bout d'un an, Olivier décide de revendre sa société contre… un chèque en bois ! Il vient de se faire escroquer, tout simplement…

Un an plus tard, l'escroc fera faillite : *« bien mal acquis ne profite jamais »* me disait ma grand-mère…

A 26 ans, il veut créer une nouvelle entreprise d'informatique. Il n'a pas l'argent nécessaire (7.500€).
Une première banque lui refuse le prêt.

Une seconde banque le lui accordera finalement en pensant financer… une voiture ! *A malin, malin et demi…* ☺

Une nouvelle fois, le succès est à la clé : Olivier en profite donc pour acquérir des parts dans une autre entreprise pour la somme de 15.000€.

Malgré toutes ses qualités, Olivier Seban s'avère être un piètre gestionnaire et finit par déposer le bilan.
Tout ce qui lui reste de son entreprise, c'est une dépression…

Financièrement pourtant, tout va pour le mieux. Grâce à ses parts de société, il perçoit un salaire annuel de 100.000€ pour mettre les pieds au bureau deux jours par semaine.
Il finira par reprendre les commandes de la société en travaillant 6 jours sur 7, 12 heures par jour.
Trois ans plus tard, il revendra sa société à son principal concurrent et se retrouva à la retraite à 35 ans.

Ce qu'il vous dirait aujourd'hui :

« Ne baisse pas les bras », « apprends de tes erreurs »,
« Remets-toi en question », « Il faut savoir faire des choix »,
« La connaissance est la première des richesses »
« Vous ne gagnerez jamais si vous n'êtes pas prêt à perdre »

Olivier Seban est l'auteur du best-seller « Tout le monde mérite d'être riche », aux éditions Maxima.

Visitez son site : http://www.toutlemondemeritedetreriche.com

PROPRIETAIRE OU LOCATAIRE

Si vous n'avez pas de plan de vie, vous faites partie de celui d'un autre

Nous ne parlons pas ici du fait que vous voulez avoir un ou plusieurs enfants, ni que vous voulez une jolie maison, ni que vous voulez une « *bonne place* ».

Non.

Nous parlons d'un véritable plan de vie.

Quel âge avez-vous aujourd'hui ?

Quelles sont vos forces et vos faiblesses ?
Comment pouvez-vous renforcer vos qualités ?

Où serez-vous dans 5 ans, 10 ans, 20 ans, 30 ans ?
Comment occuperez-vous tout le temps libre dont vous jouirez lorsque vous aurez pris votre retraite ?

Qu'en pense votre conjoint ?

En avez-vous seulement déjà parlé sérieusement ensemble ?
Regardez-vous bien tous les deux dans la même direction ?

Avez-vous déjà pris la peine de noter vos objectifs sur papier ?

Est-ce que vos objectifs sont sur un papier au fond d'un tiroir ou, pire, enfuis au fond de votre mémoire. Ou bien sont-ils clairement affichés dans votre bureau ?

Vous ne pouvez pas faire ce que votre esprit est incapable de visualiser clairement.

Comme nous le verrons plus loin dans ce livre, le locataire et le propriétaire d'un même bâtiment doivent payer un loyer, alors pourquoi se placer du côté du locataire ?

La différence entre un propriétaire et un locataire c'est que le locataire paie pour le propriétaire et que le propriétaire paie pour lui.

C'est tellement évident.

Mais c'est pareil pour tout.

Prenez votre horaire au travail. Combien de fois l'avez-vous maudit ? Combien de fois auriez-vous préféré être à une réunion de famille plutôt qu'au travail ? Combien de fois auriez-vous souhaité voir ce match de foot en direct au lieu de *faire vos heures* ?

Si quelqu'un a fait un horaire à votre place, alors cela veut dire que vous louez votre temps à cette personne.

En échange d'une heure de travail imposé, votre patron vous donne quelques euros.

Ca ne vous convient pas ? Il y en a des tas dehors qui sont prêts à prendre votre place.

Comment pouvez-vous changer cette situation ?

En cessant d'être locataire de votre vie.

Reprenez les choses en mains !

Attention ! Je ne parle pas de lâcher la proie pour l'ombre !

Je parle d'être prévoyant.

Soyez attentifs aux possibilités qui vont s'offrir à vous dans les jours qui viennent. Analysez-les et prenez une décision :

Créez une nouvelle source de revenu grâce à un plan B.

Ne soyez pas pressé, le temps joue pour vous.

Faites en sorte que d'ici deux, trois ou cinq ans, le revenu généré par votre plan B atteigne ou dépasse votre revenu actuel.

Imaginez-vous ceci :

Nous sommes dans 5 ans.
Votre revenu est le double de celui que vous percevez aujourd'hui.
N'avez-vous pas l'esprit plus tranquille ?
N'êtes-vous pas plus sûr de vous ?
Votre niveau de vie ne s'est-il pas élevé ?
Ne faites-vous pas la fierté de vos proches ?
Vos vacances sont-elles les mêmes ?
Et votre voiture ? Et cette maison dont vous avez toujours rêvé ?

Imaginez toutes les conséquences agréables.

Vous êtes en train de penser comme quelqu'un qui est (re)devenu propriétaire de sa vie et de ses choix.

Honnêtement, que préférez-vous ?

Faire vos choix ou laisser un étranger les faire à votre place ?

Si vous voulez faire vos choix, lancez-vous sans attendre et devenez votre propre patron !

ACHETEZ VOTRE MAISON

Tant qu'à faire, payez pour vous et pas pour un autre

Au pire du pire, si vous voulez vraiment devenir riche, alors vous devez devenir propriétaire de votre maison.

Pourquoi me direz-vous ?

Parce qu'il existe deux types de personnes :

1- **les gens qui louent pendant 20 ans et qui se retrouvent avec un joli tas de reçus pour leurs loyers.**
2- **Les gens qui paient leur prêt pendant 20 ans et qui se retrouvent avec une jolie maison qui vaut 100.000 ou 200.000 euros.**

Chacun des deux types a effectué un paiement chaque mois.

Les locataires ont vu leur loyer augmenter chaque année avec l'inflation.

Les propriétaires ont vu leurs mensualités diminuer puisqu'ils avaient choisi un remboursement fixe, pendant que leur salaire augmentait avec l'inflation.

Etre propriétaire d'une maison de 200.000 euros complètement payée dans 20 ans veut dire que vous aurez 200.000 euros en plus à placer le moment venu.

Tout ceci me fait penser à une histoire incroyable que m'a un jour racontée mon mentor, Tom 'Big Al' Schreiter.

C'est une façon toute simple de prendre sa retraite professionnelle en devenant propriétaire.

Comment un homme antipathique est devenu multimillionnaire en gagnant 300€ en plus par mois.

Puisqu'il est antipathique et pour respecter cet homme, nous allons l'appeler Bob.

Bob est comptable dans une entreprise tout à fait normale.
Son boulot à lui, ce sont les chiffres. Pas de collègues, juste des factures à traiter. Il a un bon salaire, qui paie toutes ses charges.

Un jour Bob rencontre Tom 'Big Al' Schreiter. Froidement, Tom lui explique qu'il fait déjà du marketing de réseau tous les jours depuis sa naissance, mais qu'il le fait gratuitement.

Imaginez l'insulte !
Dire à un comptable qu'il travaille gratuitement ! ☺

Après une brève explication, Bob décide de remplir le document qui lui permettra d'être payé pour recommander des vitamines.

L'objectif de Bob est simple : il veut un extra de 300€ nets chaque mois.

Pourquoi 300€, personne ne le sait. C'est le choix de Bob.

Il poussera le vice jusqu'à refuser des commandes sous prétexte que ça allait lui faire dépasser ses 300€ de revenu mensuel !

Bref. Au terme de son premier mois d'activité, Bob a gagné 300€ nets, comme il l'avait prédit.

Pour rappel, Bob est un comptable légèrement antipathique. Les belles voitures, les soirées entre amis au resto, les beaux vêtements, ce n'est pas son truc. Non.

Le truc de Bob, nous l'avons dit, ce sont les chiffres.

Il se rappelle que son banquier lui avait accordé son prêt hypothécaire parce qu'il n'excédait pas 33% de ses revenus.

Alors Bob avait choisi un remboursement en 15 ans. C'était il y a cinq ans.

Mais maintenant, il pourrait augmenter ses mensualités sans faire diminuer son niveau de vie. En augmentant ses mensualités, il réduirait la durée de remboursement. Il deviendrait donc propriétaire plus vite.

Il n'aurait plus de prêt à rembourser.

Bob décida donc d'ajouter ses 300€ de revenus mensuels à son remboursement. Il devint donc propriétaire 5 ans plus tard.

Son loyer s'élevait à 650€/mois. Auxquels nous devons maintenant ajouter 300€. Bob se retrouva donc avec **une maison payée et 950€ de liquidités chaque mois**.

Alors Bob eut une idée. Il acheta la maison du voisin et il la mit en location. Il demanda 650€ de loyer.

Lorsqu'il signa les papiers pour le prêt hypothécaire, Bob s'engagea à rembourser 1600€/mois. En fait, il ajouta ses 950€ de liquidités au loyer de son locataire, tout simplement.

6 ans plus tard, Bob avait soldé son second prêt.

En plus de ses 950€ de liquidité, il reçu les 650€ de son locataire, ce qui fait **1600€/mois de liquidités**.

Pas mal n'est-ce pas ? Attendez la suite !

Pourquoi Bob a-t-il acheté la maison de son voisin ?

Il ne voulait pas spécialement « se lancer » dans l'immobilier, il pensait simplement que si le prix de la maison était correct, il gagnerait **forcément** de l'argent.

Pourquoi ? Si vous achetez une maison de 100.000 euros aujourd'hui, dans 25 ans elle vaudra 200.000 euros à cause de l'inflation. Que vous l'achetiez à 95.000 ou à 105.000 euros n'est finalement pas très important.

Lorsque vous aurez payé cette maison, vous serez propriétaire d'un bien valant 200.000 euros, quoi qu'on en dise.

De cette façon, vous serez toujours en mesure de payer toutes les charges, les assurances et autres frais sans sourciller.

A votre avis, qu'à fait notre ami Bob ensuite ?

Il a acheté la maison de l'autre côté de la rue et il l'a mise en location pour 650€/mois. Ainsi Bob a pu effectuer des remboursements de **2250€/mois** et solder son prêt en 4 petites années.

Aujourd'hui, Bob possède plus de 20 maisons.

Les propriétés de Bob font de lui un multimillionnaire.

Ah oui, une dernière chose : aujourd'hui Bob a quitté son employeur, mais continue de recevoir un revenu grandissant de son entreprise de marketing de réseau.

NE REVE PAS, CE N'EST PAS POUR NOUS

Ou l'histoire de la poule qui voulait voler

« Une vieille légende indienne raconte qu'un brave trouva un jour un œuf d'aigle et le déposa délicatement dans le nid d'une poule de prairie ».

L'aiglon vit le jour au milieu d'une portée de poussins de prairie et grandit avec eux.

Toute sa vie l'aigle fit ce qu'une poule de prairie est normalement supposée faire : il chercha dans la terre des insectes et de la nourriture, il caqueta de la même façon qu'une poule.

Et lorsqu'il volait, c'était dans un nuage de plumes et sur quelques mètres à peine. Après tout, c'est ainsi que les poules de prairie sont censées voler.

Il était même honteux qu'en grandissant, aucune crête ne lui poussait sur le sommet du crâne.

Les années passèrent. Et l'aigle devint très vieux.

Un jour, il vit un oiseau magnifique planer dans un ciel sans nuage.

S'élevant avec grâce, il profitait des courants ascendants, faisant à peine bouger ses magnifiques ailes dorées.

"Ohhh ! Quel oiseau splendide !" dit notre aigle à ses voisins.

"Qu'est-ce que c'est ?" demanda-t-il.

"C'est un Aigle, le roi des oiseaux." caqueta sa voisine.

« Comme je voudrais pouvoir voler de la sorte ! » dit-il.

Sa voisine, furieuse, lui répondit tout de go :
"Voler de la sorte ? Es-tu donc devenu fou ? Ce privilège n'est pas pour nous ! Il ne sert même à rien d'y penser à deux fois. Tu ne seras jamais un aigle."

Ainsi l'aigle n'y pensa jamais à deux fois.

Il mourut en pensant qu'il était une poule de prairie.

Vous est-il arrivé de penser, vous aussi, que vous étiez une poule de prairie parce qu'on vous disait *« Ne rêve pas, ce n'est pas pour nous ? »*

Pensez-y à deux fois...

Nos proches ne nous voient pas toujours tels que nous sommes au fond de notre cœur. Ils nous voient parfois comme eux voudraient que nous soyons.

Mon père me l'a assez souvent répété :

« N'oublie jamais que tu n'es qu'un fils d'ouvrier et pas celui d'un baron, alors arrête de rêver. »

Je suis certain que mon père voulait mon bien en me disant cela.

Mais justement, est-ce qu'il m'en faisait vraiment, du bien ?

Ne faut-il pas y réfléchir à deux fois ?

CA A TOUJOURS ETE COMME CA

Il faut parfois se méfier des habitudes

Une véritable expérience scientifique a été menée avec un groupe de singes.

5 singes pour être exact.

Ils étaient dans une grande cellule et avaient appris à cohabiter de façon paisible.

Un jour, l'équipe scientifique décida de déposer un régime de bananes sur le dessus d'un petit escalier installé dans la cellule.

Evidemment, ce régime de bananes représentait un repas de choix pour les singes. Cependant, comme ils n'avaient jamais été nourris avec ce fruit, les singes observaient cet amas jaune avec un peu de méfiance.

Finalement, la curiosité fut plus forte et l'un de ces singes commença à gravir une à une les marches de l'escalier.

Alors que le singe audacieux allait se saisir du régime de bananes, les scientifiques ont simultanément actionné une sirène stridente et une douche glacée qui s'est abattue sur tous les singes.

Evidemment, la panique s'est emparée de notre petit groupe de primates et tous ont oublié l'existence du régime de bananes.

Le lendemain, alors que ses petits camarades s'étaient à peine remis de leurs émotions de la veille, notre héros prit une nouvelle fois la décision de tenter de s'emparer de ces fruits devenus bien appétissants.

Alors qu'il allait enfin s'en saisir, les scientifiques déclenchèrent à nouveau la sirène stridente et la douche glacée.

Une nouvelle fois, la panique et la pagaille furent au rendez-vous.

Le jour suivant, l'équipe de scientifiques pris la décision de remplacer un « ancien » singe par un nouveau.

Ce nouveau singe avait à peine pris ses quartiers qu'il prit la *malheureuse* décision de vouloir manger des bananes.

Malheureuse car, alors qu'il avait à peine gravi deux marches de l'escalier, notre nouveau primate se fit copieusement battre par ses congénères. Chacun y allant gaiement, y compris le singe qui le premier eut envie de s'emparer du régime de bananes.

Le jour suivant, les scientifiques retirèrent à nouveau un « ancien » singe pour le remplacer par un nouveau.

Et ainsi de suite jusqu'à ce que tous les primates originels soient remplacés.

C'est ainsi que les scientifiques constatèrent qu'aucun des cinq singes *n'osait* monter l'escalier pour s'emparer des fruits si tentants.

Un singe demanda un jour à son voisin pourquoi personne ne grimpait jamais au-dessus de l'escalier pour prendre ces délicieuses bananes.

Il lui répondit : *« Parce que ça a toujours été comme ça par ici ».*

Les habitudes ont quelque chose de confortable.

Mais sortir de ces habitudes peut bien souvent nous mener au succès dont nous avons toujours rêvé.

ELLE N'Y ARRIVERA JAMAIS

L'incroyable histoire d'une grenouille différente

II était une fois de toutes petites grenouilles qui avaient concocté une compétition entre elles.

Le but était d'atteindre le sommet de la tour de Babel. Une grande foule se rassembla pour regarder la course et encourager les participants.

Le pistolet se fit entendre et les petites concurrentes sautèrent en avant à toute vitesse. Mais honnêtement, il n'y avait personne dans l'assistance qui croyait que les petites grenouilles atteindraient le sommet.

La foule criait : *« oh ! C'est BEAUCOUP trop difficile ! »*

« Elles n'arriveront jamais tout là-haut. »

Ou : *« C'est impossible qu'elles réussissent. La tour est bien trop haute ! »*

Les petites grenouilles commençaient à retomber par terre l'une après l'autre ... sauf celles qui, dans un nouvel élan, montaient de plus en plus haut.

La foule criait toujours :
« C'est trop difficile. Personne n'y arrivera. »

Encore beaucoup de petites grenouilles se fatiguèrent et abandonnèrent.

Mais il y en avait une qui continuait à monter de plus en plus haut.

Elle semblait refuser de laisser tomber les bras.

La foule cria de plus belle :

« C'est bien trop difficile. Elle n'y arrivera jamais ! C'est du suicide ! »

Certaines personnes se mirent même à organiser des paris. Tout le monde pariait que la grenouille allait céder, personne ne voulait miser une seule petite pièce sur ses chances de réussite malgré le beau parcours qu'elle venait de faire.

Finalement, alors que tout le monde avait cédé sauf cette petite grenouille, un silence de cathédrale s'abattit sur la foule médusée : la petite grenouille venait d'atteindre le sommet de la tour de Babel et se tournait pour regarder en bas !

La petite grenouille venait d'accomplir une prouesse que la majorité s'accordait à qualifier d'impossible.

Lorsqu'on lui demanda quel était son secret pour avoir réussi une telle performance, on dut s'y reprendre à plusieurs fois car notre petite grenouille était… sourde !

C'est son handicap, sa différence, qui a permis à la petite grenouille de ne pas subir l'influence néfaste de la foule. C'est grâce à cela qu'elle a réussi à grimper au sommet de la tour de Babel.

Elle a réussi parce qu'elle n'avait jamais entendu personne dire que c'était impossible…

Ne vous laissez pas influencer par ces commentaires stupides qui disent que ce que vous tentez est une folie.

Comme disait Walter Disney :

« Si vous pouvez le rêver, alors vous pouvez le faire ! »

LES MOMENTS DIFFICILES

Point de miracle : vous connaitrez des hauts et des bas

Il existe un point commun à tous les grands de ce monde :

Ils se relèvent toujours une fois de plus qu'ils ne chutent.

Prenez Abraham Lincoln, devenu le 16ème président des Etats-Unis à l'âge de 60 ans.

Il est né au beau milieu de nulle part. Ses parents étaient des paysans illettrés. Sa mère est morte alors qu'il avait à peine 9 ans.

A l'âge de 21 ans, tout ce qu'on pouvait dire de lui était qu'il était plus grand que la normale, un mètre nonante-cinq, qu'il parlait du nez et avait suffisamment de force pour manier la hache.

Il fut tour à tour poseur de poutre de chemin de fer, batelier, magasinier, arpenteur, maître-poste, forgeron et militaire.

A 23 ans, Lincoln a appris un peu de grammaire et de mathématiques. Il sait utiliser la règle de trois et raconter de belles histoires, ce qui lui vaut la sympathie de nombreux amis.

A 27 ans, après avoir étudié seul les livres de droit qu'il pouvait emprunter à la bibliothèque, Abraham passe, et réussit, l'examen du barreau.

Jusque là, on pourrait dire que la vie a été rude avec Lincoln, mais pas aussi semée d'embuches qu'on pourrait le croire.

On pourrait penser qu'à cette époque, les conditions de vie étaient plus difficiles qu'aujourd'hui et que les hommes y étaient habitués. Regardons la suite.

Il a fait faillite à 31 ans.
A été battu aux élections législatives à 32 ans.
A de nouveau fait faillite à 34 ans.
A vu sa petite amie décéder lorsqu'il avait 35 ans.
A fait une très grave dépression nerveuse à 36 ans.
Fut battu aux élections locales à 38 ans.
Se marie à l'âge de 42 ans et perd son fils de 4 ans la même année.
A été battu aux élections au Congrès à 43 ans.
S'est représenté au Congrès à l'âge de 46 ans mais fut à nouveau battu.
Idem à 48 ans : battu aux élections du Congrès.
Perd son fils William, âgé de 12 ans, lorsqu'il a 53 ans.
A été battu au Sénat à l'âge de 55 ans.
A vu son inscription aux élections présidentielles refusée lorsqu'il avait 56 ans.
De ses 4 fils, un seul lui survécut. Il s'agit de Tad, qui était attardé mental, qui avait le palais fendu et qui zézayait.
Fut de nouveau battu aux élections du Sénat à l'âge de 58 ans.

Mais finalement, Abraham Lincoln fut élu président des Etats-Unis à l'âge de 60 ans.

Un nombre incalculable de rues et de monuments portent aujourd'hui son nom de par le monde.

Mais c'est surtout lui qui fit adopter la loi abolissant l'esclavage.

Si un jour vous avez l'impression d'être dans l'impasse, si un jour vous avez le sentiment de ne plus avoir assez de force, si un jour vous pensez que vous ne pouvez plus vous relever, **pensez à Abraham Lincoln et laissez son histoire vous inspirer la force de vous relever, une fois de plus.**

FIXER LES PRIORITES

Une belle façon de voir de combien de temps on dispose

Un jour, la légende raconte qu'un vieux professeur de l'Ecole Nationale d'Administration Publique fut engagé pour donner une formation sur la gestion du temps à un groupe d'une quinzaine de dirigeants de grandes entreprises.

Ce cours constituait l'un des 5 ateliers programmés pour la journée de formation. Le vieux prof n'avait donc qu'une heure pour passer sa matière.

Debout, devant ce groupe d'élite (qui était prêt à noter tout ce que l'expert allait enseigner), le vieux prof les regarda un par un, lentement, puis leur dit :

« Nous allons réaliser une expérience. »

De dessous la table qui les séparait de ses élèves, le vieux prof sortit un immense pot de verre d'une contenance de plus de 4 litres qu'il posa en face de lui.

Il sortit ensuite une douzaine de cailloux gros comme des balles de tennis et les plaça délicatement, un par un, dans le fond du gros pot. Lorsque le pot fut rempli jusqu'au bord et qu'il fut impossible d'y ajouter un caillou de plus, il leva lentement les yeux vers ses élèves leur demanda:

« Est-ce que ce pot est plein ? »

Tous répondirent : *« Oui ! »*

Il attendit quelques secondes et ajouta : *« Vraiment ? »*

Il se pencha alors de nouveau et sortit de sous la table un récipient rempli de gravier. Avec une grande minutie, il versa ce gravier sur les gros cailloux puis brassa légèrement le pot.

Les morceaux de graviers s'infiltrèrent entre les cailloux...jusqu'au fond du pot. Le vieux prof leva à nouveau les yeux vers son auditoire et demanda :

« Est-ce que ce pot est plein ? »

Cette fois, ses brillants élèves commençaient à comprendre son manège. L'un d'eux répondit :

« Probablement pas ! »

« Bien ! » répondit le vieux prof.

Il se pencha de nouveau et cette fois, sortit de sous la table une chaudière de sable. Avec attention, il versa le sable dans le pot. Le sable alla remplir les espaces entre les gros cailloux et le gravier.

Encore une fois, il demanda :

« Est-ce que ce pot est plein ? »

Cette fois, sans hésiter et en cœur, les brillants élèves répondirent:

« Non ! »

« Bien ! » répondit le vieux prof.

Et comme, s'y attendaient ses prestigieux élèves, il prit le pichet d'eau qui était sur la table et remplit le pot jusqu'à ras bord.

Le vieux prof leva alors les yeux vers son groupe et demanda :

« Quelle grande vérité nous démontre cette expérience ? »

Pas fou, le plus audacieux des élèves, songea au sujet de ce cours et répondit :

« Cela démontre que même lorsqu'on croit que notre agenda est complètement rempli, si on le veut vraiment, on peut y ajouter plus de rendez-vous, plus de choses à faire. »

« Non, répondit le vieux prof, *ce n'est pas cela ! »*

Le vieux professeur poursuivit :

« Si on ne met pas les gros cailloux en premier dans le pot, on ne pourra jamais les faire entrer tous, ensuite. »

Il y eut un profond silence, chacun prenant conscience de l'évidence de ces propos.

La moralité de cette histoire, c'est qu'au contraire de ce que la plupart des gens pensent, nous ne manquons pas de temps, nous manquons tout simplement d'organisation.

Les hommes et les femmes qui ont atteint la liberté financière le savent et l'appliquent au quotidien.

L'HORLOGE DEPRESSIVE

A chaque jour suffit sa peine

Avez-vous entendu parler de l'horloge qui fit une dépression ?

Un jour, elle commença à penser à combien de fois elle allait devoir *« tictaquer »* pendant l'année.

En calculant à partir de deux tic-tac par seconde, 120 par minute, 7200 fois par heure, 172 800 par jour et 1 209 600 chaque semaine, l'horloge se rendit subitement compte qu'elle devrait *« tictaquer »* près de 63 millions de fois pendant les 12 prochains mois.

Plus elle y pensait, plus elle devenait anxieuse.

En fin de compte, l'horloge devint tellement affolée qu'elle fit une dépression.

Confiant son problème à un psychiatre, l'horloge se plaignit qu'elle n'avait pas la force de *« tictaquer »* si souvent.

Le médecin lui répliqua:
« Mais combien de tic-tac devez-vous produire à la fois ? »

L'horloge répondit: *« Un évidemment. »*

« Eh bien, contentez-vous de faire un tic-tac à la fois et ne vous inquiétez pas du prochain, lui conseilla-t-il. *Vous vous porterez bien, j'en suis certain. »*

C'est exactement ce que fit l'horloge, et comme toute bonne histoire a une bonne fin, elle *« tictaqua »* toujours joyeusement à partir de ce jour.

Lorsqu'on a un problème qui semble insoluble, quand on a un objectif qui semble difficile ou impossible à atteindre, pensons à la morale de cette histoire :

A chaque jour suffit sa peine, faisons chaque chose en son temps.

Du moment que nous soyons en mouvement, cela veut dire que le but se rapproche.

Une des meilleures choses au sujet de l'avenir, c'est qu'il se présente un jour à la fois.

LE SECRET DU SUCCES

Un secret gardé depuis la nuit des temps

Vous êtes en train de vous promener un soir en ville, il est 20h.

Au coin d'une rue sombre, vous apercevez un homme étendu le long de la rigole. Il semble chanter, ou pleurer, vous n'en êtes pas certain.

Au fur et à mesure que vous approchez de cet homme, vous apercevez ses vêtements en piteux états, vous distinguez la bouteille de mauvais vin qu'il tient à la main et, parce que vous n'êtes plus qu'à deux mètres de lui, vous sentez les effluves d'alcool qu'il dégage.

Alors que vous pressez le pas pour le dépasser, l'homme se redresse subitement, titube légèrement et se lance vers vous.

Entre deux hoquets, il parvient à vous dire :

« Hey mon pote ! T'as l'air d'un gars bien toi ! Tiens, voilà ma carte, j'ai peut-être un bon plan pour toi ! Hips ! »

Et il vous tend une carte de visite en piètre état.

Pour gagner du temps et éviter de longs palabres, vous prenez sa carte et le remerciez tout en continuant votre marche.

Quelques mètres plus tard, vous lancez la carte de visite salie dans une poubelle sans même y avoir jeté un œil.

Vous voici arrivé sur le boulevard. Le mouvement incessant des piétons et des voitures vous semble tout à coup rassurant.

Une magnifique taverne semble avoir été construite pour vous.

Le simple fait de voir les lumières chaudes de l'intérieur vous réchauffe et vous décidez d'entrer pour y commander un chocolat chaud.

En effet, c'est un endroit somptueux. Le personnel est prévenant et le cadre est luxueux. Vous vous installez et commandez votre boisson qui ne tarde pas à arriver devant vous, sur un plateau d'argent.

Pendant que la cuillère se promène dans la tasse en dessinant des courbes de mousse, vous remarquez un homme assis à l'autre table.

Il vous semble que son visage ne vous est pas inconnu, mais sur le coup vous n'arrivez pas à vous rappeler où vous auriez bien pu vous rencontrer.

Tiens ! L'homme vous sourit et vous lance : *« Santé ! »*

Vous rendez la pareille et souriez poliment à votre tour.

C'est alors que le nom de cet homme vous vient à l'esprit comme un éclair ! C'est presque douloureux tellement c'est fort !

Vous avez l'impression que votre cœur vient de s'arrêter durant une éternité. La température de la pièce semble avoir sensiblement augmenté en quelques secondes. On dirait qu'il n'y a plus personne d'autre dans cet établissement à part cet homme et vous.

Le reste du monde tourne au ralenti, la musique va en sourdine, la cuillère ne fait plus de bruit dans la tasse de chocolat chaud.

L'inconnu reconnu est toujours assis devant vous et continue de vous sourire.

Cet homme qui est à quelques pas, vous en êtes certain maintenant, c'est l'homme le plus riche de la planète depuis plus de dix ans. C'est l'homme pour qui le fisc américain a dû inventer un logiciel de calcul des impôts tellement son revenu compte de chiffres.

Bill Gates a dit *santé* en vous souriant.

Le monde se remet en route, la musique reprend, la cuillère aussi. Le temps semble être revenu à sa course normale.

Bill Gates se lève et vient vous serrer la main, il demande à s'asseoir à votre table.

« Je rêve ou quoi ? » est la 1ère phrase que votre esprit vous propose.

Evidemment qu'il peut s'asseoir !
Et comment ! Asseyez-vous Monsieur Gates !
Que puis-je vous offrir Monsieur Gates ?
Je vous conseille le chocolat chaud Monsieur Gates, il est délicieux.
Non non ! Il ne faut pas accepter qu'il règle la note voyons !
C'est pour moi…

Au bout de quelques instants, Bill Gates vous révèle qu'il est en déplacement dans la région car il cherche à diversifier ses activités. Non pas que l'informatique aille mal, pas du tout.

« Mais j'ai peut-être trouvé mieux » vous lance-t-il calmement.

Mieux ? Mieux que quoi ? Mieux que l'informatique ? Allons donc !

Ca ne se peut pas !

« Ecoutez Monsieur, vous me semblez être une personne de qualité. Je serais curieux de connaître votre avis par rapport à mon nouveau projet. Je vous invite ce jeudi soir à l'Hôtel Deluxe, j'organise une soirée d'information avec mes futurs partenaires, venez à 19h30 précises. Qui sait, nous pourrions peut-être devenir associés. Tenez, voici ma carte, prévenez moi si vous avez un empêchement. Je dois vous laisser sinon je vais être en retard à mon rendez-vous. J'ai été heureux de faire votre connaissance et je me réjouis de vous revoir jeudi soir. Au revoir et bonne soirée ! »

Que… Quoi ?

« Bill Gates m'invite, moi ? »

Vous avez l'impression d'avoir rêvé. Il a bien dit *« …nous pourrions peut-être devenir associés… »* ?

Qui ne rêverait pas d'être un des associés de Bill Gates ?

La décision est prise sans même y réfléchir. Jeudi, vous serez au rendez-vous. D'ailleurs, dès lundi matin, vous passerez chez votre banquier pour lui annoncer la nouvelle et lui demander quelle capacité d'emprunt il peut vous accorder.

C'est qu'il ne faudrait pas rater l'opportunité ! Si Bill vous demande d'investir, et il vous semble évident qu'il vous le demandera, il faudra répondre présent pour ne pas rater le coche.

Quand le banquier demandera l'objet du prêt, on avisera. De toute façon, il n'y a aucun risque ! Vous investissez avec l'homme le plus riche de tous les temps !

Si même il fallait mettre la maison en hypothèque et demander un coup de main aux parents, vous le feriez avec le sourire.

Voilà. Vous venez de découvrir le secret du succès.

Un secret très bien gardé depuis la nuit des temps.
Bon, ça mérite une explication.

Bill Gates et l'homme de la rue vous ont tous les deux invités à découvrir le même concept : le marketing de réseau.

La différence, c'était votre perception des choses. L'homme ne vous inspirait pas confiance, tandis que Bill oui.

Vous n'avez pas encore eu l'occasion de dire *oui* ou *non* à l'opportunité : vous ne la connaissez pas encore !

Vous avez dit *oui* ou *non* à la personne qui vous a invité.
C'est très différent !

Bill Gates vous inspire confiance, vous savez que vous allez pouvoir compter sur lui à l'avenir, vous savez qu'il peut vous mener au succès car il est le succès incarné.

Et voici le secret expliqué de façon claire :

Il ne sert à rien de vouloir courir derrière le succès.
Le succès ne peut s'obtenir que d'une façon : en l'attirant.

Vous voulez réussir ? Apprenez à devenir une personne attirante.

Pas seulement physiquement, mais aussi professionnellement.

Apprenez tout ce que vous pouvez sur la finance, sur l'argent, sur le marketing de réseau, sur l'immobilier. Et tout ira bien.

N'essayez pas de trouver la bonne personne. Devenez-la.
Apprenez d'abord et devenez un ***mentor*** pour les autres ensuite.

LA FORCE DU MENTOR

Comme un parent enseigne ses secrets à son enfant

Pratiquement tous les hommes et femmes qui ont réussi financièrement ont un jour rencontré ce qu'on appelle un *mentor*.

Le mentor est cette personne qui vous croise et choisit de vous aider, simplement parce qu'il pense que c'est bon et que vous le méritez.

Mais pour rencontrer un mentor et le repérer, il faut être prêt à le reconnaître.

Et pour reconnaître un mentor, il suffit de le chercher.

Comme nous l'avons déjà expliqué dans ce livre, si vous souhaitez réussir dans un domaine précis, c'est-à-dire grimper au sommet d'une montagne donnée, il vous *suffit* de chercher une personne qui a déjà réussi à atteindre le sommet de la même montagne que vous.

Les avantages de suivre l'écolage d'un mentor sont légions, nous allons en aborder quelques-uns.

Le mentor sait de quoi il parle

En effet, lorsque vous aurez rencontré votre mentor, vous vous sentirez immédiatement compris. Tout simplement parce qu'un mentor digne de ce nom a déjà parcouru *au moins une fois* le chemin que vous vous apprêtez à parcourir.

L'avantage de collaborer avec quelqu'un qui a déjà parcouru le chemin que vous vous apprêtez à arpenter est qu'il vous préviendra des obstacles éventuels pour que vous puissiez aller plus vite que lui, si du moins vous appliquez ses conseils.

Le mentor n'est pas votre patron

Avoir un patron a du bon.
Avoir un partenaire qui veut votre succès, c'est mieux.

C'est comme cela que se place votre mentor. Votre mentor vous connaît mieux qu'un patron, parce qu'il vous écoute vraiment. Un mentor sait ce qui est bon pour vous et se fiche de ce que vous pourriez lui apporter, au contraire de votre patron qui vous paie justement pour ça.

Votre mentor n'est pas parfait

On peut être le mentor de quelqu'un et avoir des défauts.
On peut vouloir vous aider à bâtir une fortune et vous amener au succès tout en ayant un problème avec l'alcool.

Sachez reconnaître les qualités de votre mentor. Il ne peut pas être bon en tout. Prenez simplement ce qui est bon pour vous et ne vous préoccupez pas du reste.

Vous verrez votre mentor si vous le cherchez

Vous m'entendrez souvent répéter cette phrase si nous sommes amenés à collaborer : *« Nous recherchons les gens qui nous recherchent »*.

Il existe une variante :
« Vous ne pouvez pas avoir du succès si vous ne vous voyez pas réussir ».

Accepter l'idée que vous pouvez devenir riche, c'est déjà le devenir un peu. Chercher et entrer en contact avec une personne qui a du succès, c'est s'en approcher encore un peu plus.

Vous ne verrez votre mentor que si vous le cherchez, ne tardez pas, foncez à sa rencontre !

CHANGER DE FOURNISSEUR ET DE PRIX

Pour générer un revenu extra de 25.000€ par an

Nom : Catherine
Age : 35 ans
Profession : employée de banque
Revenu : 25.000€ par an
Retraite dorée à partir de 37 ans

Catherine adore voyager. Si elle le pouvait, elle ne ferait que ça.

Découvrir le monde, ses cultures, ses climats, ses paysages, c'est tout ce que Catherine aime.

Seulement voilà : Catherine est employée dans une banque célèbre et ne peut donc pas voyager quand elle le voudrait. Elle est obligée de se plier aux horaires que son manager lui impose.

Elle est surtout obligée de composer avec le maigre salaire qu'elle reçoit.

Un jour pourtant, tout a changé.

Catherine a rencontré un professionnel du marketing de réseau.

Celui-ci lui a expliqué qu'elle pourrait recevoir un joli revenu extra *si elle acceptait de changer légèrement les habitudes d'achats des gens qu'elle fréquente.*

Catherine accepta. Pour un investissement inférieur à un euro par jour, elle fit l'acquisition de son kit de démarrage et se mit à proposer des économies à son entourage.

Rien de bien terrible.

Elle expliquait à son entourage qu'il suffisait de remplir un simple document d'une page pour faire des économies sur, par exemple, leurs factures d'électricité.

Ainsi, en changeant légèrement leurs habitudes de consommation, les amis de Catherine réalisèrent une économie annuelle allant parfois jusqu'à 3000 euros ! De quoi s'offrir de belles vacances !

Au début, Catherine faisait ça *pour s'amuser.*
Ses premiers revenus en extra étaient à peine de 100€ par mois.

Mais ça amusait vraiment Catherine : elle aussi disait que ce sont les petits ruisseaux qui font les grandes rivières. Au fil des semaines qui s'écoulaient, Catherine découvrait la force de la recommandation de ***bouche-à-oreille*** : elle rencontrait maintenant des clients qui lui téléphonaient de la part d'une connaissance commune.

Après un an d'activité, Catherine gagnait 250€ par mois en plus de son salaire à la banque.

C'est alors que les choses prirent une réelle accélération.

Au bout de deux ans seulement, Catherine recevait 2000€ par mois grâce à son activité de marketing relationnel qu'elle avait partagée avec son entourage. Son revenu continuait d'augmenter.

Alors Catherine décida de quitter son employeur.

Aujourd'hui, elle voyage dans le monde entier, pendant que ses factures sont payées par les commissions issues de son entreprise de marketing de réseau.

INVESTISSEZ EN VOUS

Sauf si vous pensez que ce serait un mauvais placement

Allez-vous parfois chez le coiffeur ?
Oui, évidemment.

Pouvez-vous évaluer la dépense annuelle faite chez votre coiffeur ?

Pour un homme, qui se rend chez son coiffeur une fois tous les deux mois, elle s'élèverait à 120€ par an.

Pour une femme qui se rendrait chez la coiffeuse une fois par mois, le budget serait de 300€ par an.

Pour un couple, aller chez le coiffeur représente donc un budget annuel de 420€.

420€ d'argent dépensé sur le bord de nos crânes. Qu'est-ce que ça rapporte, à part de la frustration après quelques jours parce que *la mise en plis* ne tient pas ? Pas grand-chose finalement.

Savez-vous que cet argent, s'il était investit un centimètre plus loin, pourrait générer des millions d'euros ?

Imaginez : chaque année, vous décidez d'acheter un certain nom bre de livres sur le développement personnel, vous assistez à des séminaires sur la finance, vous suivez des formations de marketing de réseau.

Bref, vous investissez 420€ à **L'INTERIEUR** de votre crâne.

Un des secrets pour devenir riche est qu'il ne faut jamais cesser d'investir dans notre apprentissage pour augmenter nos compétences et donc nos revenus.

COMMENT MULTIPLIER TEMPS ET REVENU

Parce que l'union fait la force

Le premier moyen que l'humanité a trouvé pour augmenter ses revenus est de faire travailler son argent à sa place. Nous avons abordé plusieurs moyens d'y parvenir au long de ce livre.

Une autre façon de construire un revenu important plus rapidement est d'utiliser le principe du levier d'Archimède.

Archimède a dit un jour :
« Donnez-moi un point d'appui et un levier suffisamment long et je soulèverai le monde ».

Le principe d'Archimède est applicable pour créer une fortune.

Le point d'appui c'est vous.

Le levier, c'est le marketing de réseau.

Quel est le rapport avec l'expérience originale d'Archimède ?

Vous l'aurez sans doute remarqué, grâce à « l'effet de levier », chacun est capable de soulever une charge bien plus importante qu'il ne le pense initialement.

Notre argent connaît bien ce principe. Nous l'utilisons au quotidien. En effet, pour acheter votre maison, vous avez fait appel sans le savoir au principe du levier d'Archimède.

Vous n'étiez pas en mesure de fournir l'effort réel, c'est-à-dire payer en une fois 125.000€ pour votre maison, mais le temps est venu faire office de levier et vous avez pu faire l'acquisition de votre immeuble pour *seulement* 520€ par mois de remboursement.

Dans l'exemple de l'emprunt, c'est le temps qui joue le rôle de levier, en vous permettant de faire l'acquisition d'un bien que vous n'auriez pas pu vous acheter. Dans la création d'une fortune, c'est le temps ET la création d'une équipe qui vont vous permettre d'atteindre un niveau de vie dont vous n'osez pas rêver aujourd'hui.

Vous allez me dire que vous n'êtes pas banquier. Que vous ne voulez pas créer votre petite entreprise.
Vous ne seriez pas le seul ! Les freins à la création d'une entreprise sont nombreux :

- on ne veut pas de tracas administratifs
- on veut que cette entreprise garde une taille humaine
- on ne veut pas « surveiller » d'autres personnes
- on ne veut pas de tracas avec d'éventuels employés
- on ne veut pas prendre de gros risques financiers

Si créer un « business traditionnel » ne vous plaît pas, il existe d'autres moyens de multiplier votre temps et votre revenu.

Nous l'avons déjà abordé dans ce livre : cela s'appelle le marketing de réseau.

Presque tout le monde fait du marketing de réseau tous les jours, mais sans être payé pour le faire.

Vous avez déjà recommandé un opérateur téléphonique à un ami ? Vous auriez pu être payé à vie !

Vous voyez, le marketing relationnel n'est rien d'autre que **recommander** et **faire la promotion** d'un produit ou d'un service.

Vous souvenez-vous de l'exemple des *Pokémons* que nous avons cité plus avant dans ce livre ?

Vous souvenez-vous de l'exemple de Catherine ?

Nous allons combiner ces deux témoignages pour créer votre succès.

Imaginez que vous rencontriez un ami qui vous propose de vous lancer après journée dans le marketing de réseau appliqué aux services. Vous ne vendriez donc rien, vous proposeriez des économies sur les factures que vos amis doivent déjà payer chaque mois, comme le téléphone fixe, le téléphone mobile, l'internet, l'électricité, le gaz de ville, le carburant de chauffage, le carburant voiture, etc. Et vous seriez payé pour ca !

Puisque de toutes façons, vous recommandez et faites la promotion de toute une série de choses chaque jour, pourquoi ne pas être payé pour le faire ?

Ou alors, vous pouvez continuer à recommander ce que vous aimez gratuitement, il n'y a rien de mal. Le monde ne serait pas ce qu'il est s'il n'y avait pas des hommes et des femmes dévoués à la charité.

Cependant, si vous êtes fatigué de travailler pour rien et que vous désirez intégrer un club d'entrepreneurs qui reçoivent un revenu extra sur leur compte en banque chaque mois, alors vous devez jeter un œil au marketing de réseau.

Il existe des centaines de sociétés qui préfèrent vous payer pour ce que vous faites déjà chaque jour naturellement, plutôt que d'investir dans des campagnes publicitaires coûteuses.

Pensez-y un instant. Quel fournisseur d'électricité préférez-vous ?

1- Celui qui fait sa pub au travers d'un acteur que vous n'aimez pas.
2- Ou celui que vous recommande votre sœur ou votre meilleur ami.

Ou bien ceci : quel fournisseur de mazout préférez-vous ?

1- Celui que vous ne voyez qu'une fois par an lorsqu'il faut faire le plein de la citerne.
2- Ou celui que vous propose votre collègue parce qu'il a fait une économie de 100€.

Il existe des milliers de produits et services véhiculés par le marketing de réseau, par la publicité de bouche-à-oreille. Les grandes campagnes de pub ne peuvent absolument pas rivaliser contre l'avis d'un ami ou d'un membre de votre famille.

Comment cela fonctionne-t-il exactement ?

Vous pouvez comparer le marketing de réseau à un arbre généalogique. Les sociétés qui développent ce concept pour distribuer leurs services ne vont pas seulement vous payer pour recommander un service à quelqu'un, elles vont aussi vous payer si cette personne recommande ses services à son tour, etc.

En d'autres termes, vous en parlez à A, qui en parle à B, qui en parle à C, qui en parle à D, et ainsi de suite, vous pourriez être payé chaque fois que l'un d'eux fait une commande ou honore une facture.

Plus de soixante millions d'hommes et de femmes à travers le monde pratiquent cette activité avec plaisir. C'est comme si toute la population Française recevait un revenu extra !

Les activités de marketing de réseau sont aujourd'hui développées dans plus de 60 pays et génèrent un chiffre d'affaires annuel de plus de 100 milliards de dollars.

Ce n'est pas rien.

Le marketing de réseau produit plus de nouveaux millionnaires que n'importe quel autre secteur.

Ce n'est pas rien non plus.

Le marketing de réseau est un des moyens les plus rapides de prendre sa retraite professionnelle.

Ceci est très important, surtout si vous avez plus de 45 ou 50 ans et qu'il ne vous reste plus beaucoup de temps pour faire jouer les intérêts composés sur vos épargnes.

Si vous n'êtes « plus tout jeune », pas de panique. Le marketing de réseau est l'outil qui peut vous permettre de progresser à pas de géant dans la création de votre *bas de laine*.

Vous pouvez aussi le faire en étant jeune.

Je connais un ami qui a quitté l'école à 18 ans pour se lancer ensuite dans une carrière de marketing de réseau après journée. Il y a trouvé deux bénéfices majeurs :

1- Il a gagné quelques milliers d'euros qu'il a placés dans un fonds d'investissement.
2- La société avec laquelle il collabore lui a offert une nouvelle voiture, une jaguar x-type.

Il a vécu avec ses parents jusque l'âge de 23 ans. Cela lui a permis de mettre de l'argent de côté pour s'acheter une maison.

En plus de son job de graphiste, il a développé son activité de marketing de réseau qui lui rapporte aujourd'hui 50.000 euros par an **en activité complémentaire**.

Durant sa première année, son revenu après journée n'était pas très élevé, mais il a graduellement et constamment augmenté jusqu'à atteindre le montant que vous connaissez.

Devez-vous faire du marketing de réseau pour atteindre la liberté financière ?

Non, il s'agit là d'une méthode simple, amusante et rapide, comparée aux 20 ans d'attente pour que les intérêts d'un placement commencent à équivaloir un revenu temps plein.

Ceci dit, comme nous l'avons déjà écrit, vous faites probablement déjà du marketing de réseau tous les jours, mais vous n'en êtes pas payé. Ca vaudrait peut-être la peine de jeter un œil à cette opportunité, histoire de vérifier que vous ne *ratez pas le coche*.

Si vous n'êtes pas familier avec ce type d'activité, ça ne devrait pas être trop difficile de trouver un ami qui puisse vous éclairer.

Astuce : consultez la personne qui vous a prêté ou offert ce livre.

IL SUFFIT D'AVOIR L'ESPRIT OUVERT

Gagner une fortune est plus facile que de gagner un salaire

Quelle proposition étrange !
Si c'était vrai, tout le monde le saurait !
Et donc tout le monde serait à la tête d'une fortune !

Oui, sauf que, apparemment, tout le monde ne le sait pas.
Pour être précis, ce n'est pas tant une question de connaissance, c'est plutôt une question d'ouverture d'esprit.

Prenons un exemple concret :

Si je fais dix kilomètres et que vous en faites cinq, qui de nous deux arrivera en premier ?

Vous pensez que c'est vous ? Alors c'est parce que vous avez pris une décision sans connaître tous les éléments !

J'arriverai avant vous car vous êtes à pied et je suis en vélo !

J'ai donc été plus loin, plus vite et en fournissant moins d'efforts que vous.

Prenons un autre exemple :

Si je fais cinquante kilomètres et que vous en faites vingt, qui de nous deux arrivera en premier ?

Vous pensez encore que c'est vous ?

Allons donc ! Auriez-vous omis de tenir en compte que vous êtes en vélo et moi en voiture ? ☺

Je vais de nouveau aller plus loin que vous, je vais y aller plus vite et en fournissant moins d'efforts que vous !

Si je prends un troisième exemple, vous aurez compris.

Vous parcourez mille kilomètres et moi cinq mille, qui arrive en premier ?

Moi effectivement, parce que j'ai pris l'avion et que vous avez pris votre voiture. Je vais arriver frais comme un pinson tandis que vous serez fourbu et probablement de mauvaise humeur à cause du trafic.

Le même principe s'applique dans la création de vos revenus.

C'est très difficile de créer un revenu de 1500€ chaque mois.
C'est très difficile parce qu'il faut prester 40 heures par semaine, qu'on le veuille ou non. C'est très difficile parce qu'il FAUT aller travailler et qu'on n'aime pas ça, surtout lorsqu'on est fatigué. C'est très difficile parce qu'on n'obtient même pas la reconnaissance qu'on mérite. C'est difficile parce que notre conjoint est logé à la même enseigne, mais qu'on n'a pas le choix car il faut payer les factures qui n'attendent pas.

C'est surtout très difficile parce que nous sommes seuls pour créer ce revenu de 1500 euros chaque mois.

Jean-Paul Getty, un des premiers hommes à posséder une fortune personnelle de plus d'un milliard de dollars, l'avait bien compris :

« Je préfère recevoir 1% du fruit du travail de cent personnes que 100% du fruit de mon seul travail »

Voyons comment nous pouvons appliquer ce principe.

Reprenons l'exemple de Catherine. Elle qui aime tant voyager.

Catherine peut se permettre de quitter son emploi à la banque parce qu'elle perçoit une revenu de 2500€ par mois et plus grâce à son activité dans le secteur du marketing de réseau.

Admettons que vous soyez impliqué dans une telle activité, vous aussi. Vous n'avez pas moins de qualités ni moins d'envies que Catherine, vous êtes donc tout aussi capable qu'elle de générer un nouveau revenu de 2500€ chaque mois d'ici deux ans.

Si vous êtes capable de faire cela, il ne fait pas de doute que vous êtes capable d'aider d'autres personnes à y arriver à leur tour.

Vous deviendrez ainsi un mentor, comme nous l'avons déjà décrit.

Si vous pouvez aider une personne à gagner 2500 euros par mois et plus, pensez-vous que votre revenu augmentera ?

Evidemment ! Si vous pouvez aider une personne, pensez-vous être capable d'en aider une autre ? Bien sûr que vous êtes capable !
Votre revenu augmentera-t-il à nouveau si vous y parvenez ?
La réponse est oui, sans aucun doute !

Vous avez compris. Grâce au concept du marketing de réseau et à l'effet de levier qu'il permet de développer, vous êtes en mesure d'aider deux, trois, cinq, dix, vingt ou cent personnes à gagner un revenu de 2500 euros chaque mois.

Si cent personnes perçoivent 2500€/mois grâce à votre support, avez-vous une idée de VOTRE revenu ?

Vous allez percevoir PLUSIEURS milliers d'euros chaque mois *sans plus fournir d'efforts importants*. Ce sera la liberté financière !

UNE BREVE LECON POUR DEVENIR RICHE
Ce que tout enfant devrait apprendre à l'école

Dépensez moins que ce que vous gagnez, investissez la différence.

L'évidence même !

Un euro d'économisé peut vous mener à la fortune.

Il est pratiquement impossible de devenir riche si on dépense plus que ce qu'on gagne. Malheureusement, la plupart des gens dépensent plus qu'ils ne gagnent, surtout à cause des facilités de prêts.

Créez une seconde source de revenu et placez-là.

En investissant intelligemment votre nouvelle source de revenu, même si celle-ci n'est *que* de quelques centaines d'euros par mois, vous allez prendre un raccourci extraordinaire vers une retraite professionnelle paisible.

Utilisez le principe du levier d'Archimède chaque fois que vous le pouvez.

Apprenez à vos enfants à épargner. Epargnez vous-même 10% de vos revenus. Laissez l'argent travailler pour vous, même pendant la nuit. Si vous le pouvez apprenez à générer un revenu au travers de l'activité d'autres personnes que vous formerez.

Achetez ce qui prend de la valeur, pas ce qui en perd.

Les parts de sociétés, les fonds de placements et l'immobilier prennent de la valeur avec le temps. Votre argent travaille donc bien pour vous.
Les vêtements à la mode, les belles autos, les télévisions dernier cri sont des articles qui perdent de la valeur avec le temps qui passe.

Cela veut dire que vous reculez, que vous perdez de l'argent. Ce n'est pas comme ça que vous deviendrez riche.

Devenez propriétaire de votre maison.

Que vous soyez locataire ou propriétaire, vous devez de toute façon payer un loyer tous les mois. Tant qu'à faire, placez-vous du côté du propriétaire.

Minimisez vos taxes en prenant un bon comptable.

« Il y a deux certitudes : la mort et les taxes » disait l'autre.

Emmenez votre agent d'assurance au restaurant de temps à autre, il vous donnera les derniers bons filons qui vous permettront de mieux placer votre argent ou de faire des économies sur certaines de vos polices.

Prenez un bon comptable pour pouvoir profiter de toutes les réductions d'impôts possibles. Il en existe beaucoup, contrairement à ce qu'on pense.

Evitez les dettes.

Non seulement ce n'est pas bon moralement d'avoir des dettes, mais en plus, c'est très mauvais pour le portefeuille. Le principe des dettes est pervers : il faut payer plus que ce qu'on doit vraiment à cause des intérêts.

Certains types de dettes sont bons, comme avoir un prêt hypothécaire pour devenir propriétaire. Evitez les autres !

Démarrez jeune, ou le plus jeune possible.

Pas besoin de longue explication : c'est le levier d'Archimède !

Protégez vos investissements en minimisant les risques.

Il faut savoir prendre des risques pour réussir, mais pas trop.

C'est mieux d'avoir un taux d'intérêt moins fort et plus de garanties que d'avoir un taux d'intérêt miraculeux et tout perdre à cause d'une faillite.

N'hésitez jamais à demander conseil à des professionnels.
Le risque diminue toujours avec les compétences.

Soyez patient.

« Rome ne s'est pas construite en un jour ».

Même Dieu, dit-on, a mis sept jours pour construire le monde.
Si vous investissez votre argent, vous comprenez que vous ne pouvez pas devenir riche en quelques nuits.

Vous pouvez réaliser de *jolis coups*, mais le temps est votre allié, ne l'oubliez pas. Avec le temps, vous surmonterez les hauts et les bas.

Gérez vos finances comme un adulte.

Si vous gérez votre argent comme un enfant de 6 ans qui fait des caprices, vous obtiendrez les résultats qu'un enfant de 6 ans peut espérer, c'est-à-dire catastrophiques.

Ne vous inquiétez pas de l'inflation.

L'inflation existe et l'on n'y peut rien changer. Elle existera, que vous épargniez de l'argent ou non, alors pourquoi ne pas épargner et investir ? Vous allez adorer l'inflation lorsque votre compte en banque sera bien garni !

Je suis surendetté, je n'ai plus un euro à placer.

Essayez ceci : prenez un carnet et un crayon que vous gardez toujours sur vous. Prenez note de chaque dépense que vous faites pendant 30 jours au moins.

A la fin du mois, relisez votre carnet et comportez-vous comme un adulte : est-ce que toutes les dépenses que vous avez consignées DEVAIENT VRAIMENT être faites ?

Vous arriverez à la réponse « Non ! ».

Vous tiendrez alors la preuve que vous avez encore quelques euros à investir intelligemment.

Je connais des gens qui gagnent 800 euros par mois et qui arrivent à mettre de l'argent de côté. Je connais aussi des gens qui gagnent 15.000 euros par mois et qui en dépensent 16.000.

Epargner de l'argent n'a rien à voir avec le revenu que l'on perçoit. Epargner de l'argent est un engagement personnel auquel on se tient, c'est tout.

Et maintenant, c'est à vous de jouer !

Maintenant que vous connaissez les règles de base pour vous enrichir, c'est à vous de décider. Vous avez compris que vous ne deviendrez pas riche grâce à la chance, vous savez que vous allez être acteur de votre réussite.

Vous savez que vous pouvez choisir de devenir riche, prendre une retraite paisible et prendre tout le bon temps dont vous rêvez !

Moi je crois en vous.

REMERCIEMENTS

Ce travail ne peut pas se faire seul

Je tiens d'abord à remercier Christelle, ma fiancée. Pour sa patience, son soutien inconditionnel et pour tout l'amour qu'elle me donne. Je t'aime.

Merci à Sandrine David, à Griet Destatsbader ainsi qu'à Arlette Frankignoulle pour leur relecture de ces pages à la recherche de la moindre faute de frappe.

Merci à mon mentor, Tom 'Big Al' Schreiter, dont vous pouvez visiter le site en anglais sur http://www.fortunenow.com, pour ses encouragements et son encadrement amical.

Merci à mes sponsors, ceux qui ont fait en sorte que je goûte un peu au succès : merci à Geoff Liberman, à Gert Vanoppen et à Georges Denoel.

Merci à Giles Redpath, pour l'inspiration qu'il communique.

Merci à Frank Vandewege, pour son énergie et sa disponibilité.

Merci à mon équipe, qui m'épate de jour en jour.

Merci à Fabienne Cuvelier, merci à Juste Kagisye, merci à Baudry Missotten, merci à Ruud Tiebos, merci à André Kemeny, merci à Philippe Mailleux, merci à Alain Soreil, merci à Robert Mailleux, merci à Olivier Seban et merci à tous les autres.

Enfin, merci à vous d'avoir lu ce livre.

Puisse-t-il vous permettre de prendre votre envol financier.

Ce livre est un cadeau idéal pour vos proches et vos amis. Il peut changer la vie de ceux qui vous sont chers. Si vous désirez plus d'information sur ce livre, il peut être acheté auprès de :

BE BETTER PUBLISHING

http://www.richesanslaloterie.com

Vous voulez en savoir plus ?

Ce livre vous a été offert par :

Vous voulez apprendre comment créer votre fortune ?
Vous voulez vous impliquer sérieusement dans cette entreprise ?

Si c'est le cas, prenez contact avec la personne qui vous a fourni ce livre pour recevoir une copie gratuite de :

« 22 trucs en plus pour vous aider à devenir riche plus rapidement »